陈序经讲中国文化的出路

CHENXUJING JIANG ZHONGGUO WENHUA DE CHULU

陈序经 著

河海大学出版社
HOHAI UNIVERSITY PRESS
·南京·

图书在版编目（CIP）数据

陈序经讲中国文化的出路 / 陈序经著. -- 南京：河海大学出版社，2020.1
 ISBN 978-7-5630-6042-9

Ⅰ. ①陈… Ⅱ. ①陈… Ⅲ. ①中华文化－研究 Ⅳ. ①K203

中国版本图书馆 CIP 数据核字（2019）第 142303 号

书　　名	陈序经讲中国文化的出路
书　　号	ISBN 978-7-5630-6042-9
责任编辑	毛积孝
特约编辑	李　路　　叶青竹
特约校对	董　瑞　　朱阿祥
出版发行	河海大学出版社
地　　址	南京市西康路1号（邮编：210098）
电　　话	（025）83722833（营销部）
	（025）83737852（总编室）
经　　销	全国新华书店
印　　刷	三河市元兴印务有限公司
开　　本	880mm×1230mm　1/32
印　　张	5.25
字　　数	99千字
版　　次	2020年1月第1版
印　　次	2020年1月第1次印刷
定　　价	49.80元

《大师讲堂》系列丛书
▶ 总序

/ 吴伯雄

梁启超说："学术思想之在一国，犹人之有精神也。"的确，学术的盛衰，关乎一个民族的精神气象与文化氛围。民国是一个动荡不安的时代，内忧外患，较之晚清，更为剧烈，中华民族几乎已经濒临亡国灭种的边缘。而就是在这样日月无光的民国时代，却涌现出了一批批大师，他们不但具有坚实的旧学基础，也具备超前的新学眼光。加之前代学术的遗产，西方思想的启发，古义今情，交相辉映，西学中学，融合创新。因此，民国是一个大师辈出的时代，梁启超、康有为、严复、王国维、鲁迅、胡适、冯友兰、余嘉锡、陈垣、钱穆、刘师培、马一浮、熊十力、顾颉刚、赵元任、汤用彤、刘文典、罗根泽……单是这一串串的人名，就足以使后来的学人心折骨惊，高山仰止。而他们在史学、哲学、文学、考古学、民俗学、教育学等各个领域所取得的成就，更是创造出了一个异彩纷呈的学术局面。

岁月如轮，大师已矣，我们已无法起大师于九原之下，领教大师们的学术文章。但是，"世无其人，归而求之吾书"（程子语）。

大师虽已远去，他们留下的皇皇巨著，却可以供后人时时研读。时时从中悬想其风采，吸取其力量，不断自勉，不断奋进。诚如古人所说："圣贤备黄卷中，舍此安求？"有鉴于此，我们从卷帙浩繁的民国大师著作当中，精心编选出版了这一套"大师讲堂系列丛书"，分辑印行，以飨读者。原书初版多为繁体字竖排，重新排版字体转换过程当中，难免会有鲁鱼亥豕之讹，还望读者不吝赐正。

吴伯雄，福建莆田人，1981年出生。2003年考入福建师范大学古代文学研究系，师从陈节教授。2006年获硕士学位。同年9月考入复旦大学中文系古代文学专业，师从王水照先生。2009年7月获博士学位。同年9月进入福建师范大学文学院古代文学教研室工作。推崇"博学而无所成名"。出版《论语择善》（九州出版社），《四库全书总目选》（凤凰出版社）。

目录

第一章 文化的根本观念（上） | 001

第二章 文化的根本观念（下） | 019

第三章 折衷办法的派别 | 041

第四章 复古办法的观察 | 065

第五章 全盘西化的理由 | 089

第六章 近代文化的主力 | 113

第七章 南北文化的真谛 | 135

第一章 文化的根本观念（上）

一 文化与人类

人类是文化的动物。有了人类，必有文化。文化的历史和人类的历史，可以说是同时发生的。这一点自从比国的人类学家路杜氏（Rutot）等发见所谓前石器时代的遗石以后，一般人类学者，似没有怀疑的态度。但是有些人相信，人类曾经过一个没有文化的时期，在这个时期里，人类是一种爬树的动物，而与其他的高等动物没有什么分别处。我们对于这种见解，是不能表同意的，因为若是人类是文化的动物，他必定有创造文化的能力；若有了创造文化的能力，则人类在最初的时期，无论其创造的文化如何简单，总不得谓其没有文化。并且所谓没有文化的人类的时期，不过是一种臆说，在历史上既找不到证据来，而在现在所生存的人类里，无论如何野蛮，如何不开化，也找不出是完全没文化的。

事实上，人之所以为人，是因为他有文化。但是人要是创造文化，他必然已经是人。要是他不是人，他决创造不出文化来。所以人之所以异于其他的动物者，也可以说是因为前者有了文化，后者没有文化。我们这样的去区别人类和其他的动物，也许会引起一般人的疑问。他们以为飞禽像鹦鹉，能学人类说话，鸡鸽能做十二音，狗能做十五音，角牛能做二十一音，猴子能做二十音。这种声音言语固然简单，然与人类的言语，只有程度上的差别，没有种类上的不同；因为一般普通的人类，若是没有受过教育，其所用的言语也不过三百字。言语是促进文化的原动力，而且是文化的特征，动物既有了言语，则动物不能说其没有文化，而人类和其他的动物的区别处，并不在于有文化和没有文化了。不但是言语非人类所独有，就从文化的他方面看去，动物也非完全没有的。比方：飞禽能做巢，猿能用木杖行路，能掷石及有刺的果实于其敌人的头上，又能用石打破有壳的果实。此外又如人猿能用树枝来造简单的住屋，均足以表示动物有创造文化的能力。所以他们的结论是：人类之所以异于动物者，决不能以有文化与否来做标准。

我们以为动物中像人猿等，只能做有情绪的呼喊，没有表示意思的言语。人类言语的发达，是赖于群居。换言之，群居为言语发达的重要条件。动物的群居能力是有的，而且群居是高等动物的普通现象，然动物终不能使其所发之音，成为有意想的表示，且不能像人类一样；因群居而使其情绪的呼喊，发达为复杂的言语，可知言语决非动物所有。同样，鹦鹉的学习说话，固然能说人类有意识的简单语句，然他们所模仿的语句，他们究竟是否知道其意义是什么，很是疑问。而且他们自己，既没有能力去创造言语，所谓他们能学习言语，恐怕不外是没有意识的模仿罢。赫德（Herder）说得好："言语是人类的所有物，而且是人类的权利，惟有人类，才有言语。"

同样，动物像飞禽能做巢，及其他的高等动物能做简单的技艺及物品，大约不外出于所谓本能的动作，却非理性化的创造。所以他们所创造的东西，永远是没有法子去改变，没有法子去学习和模仿他种动物所创造的东西。因此，严格来说：文化乃是人类所独有的。

文化固然是人类所独有的，但文化的发生及发展，必赖于人类的努力创造。设使人类而专靠着天然的生产供给，以维持其生活，不想努力去改变环境，则文化决不会产生和发展。所以文化的产生及其发展的程度如何，是与人类是否能够努力，及其所努力的程度如何，成为正比例。人类所以要努力去创造文化的主因，大约是适应时代环境以满足其生活。因此，文化可以说是人类适应时境以满足其生活的努力的工具和结果。

　　人类因为有了创造文化的能力，他们也有了改变、保存及模仿文化的能力。他们若觉得他们的文化，有缺点，他们可以改变之。他们若觉得他们的文化，比他人的文化好得多，他们可以保存之。他们若觉得人家的文化比较他们自己的文化高一点，他们可以模仿之。

　　我们已说明人类是文化的创造者、改变者、保存者及模仿者，但是这处所说的人类，究竟是多数的"人"，还是"个独的人"呢？人类学者像卫士来（Wissler）似以为文化的创造是赖于组成团体的众人，而非个独的个人。他说："人类学者对于个人在文化上的位置是很少注意的。"社会学者像厄尔武德（Ellwood）、尔理（Willey）及韩瑾斯（Hankins）也有同样的表示。反之，哥田威士（Goldenweiser）似注重于个人方面。我们以为团体在文化上的地位，固不可轻视，但个人在文化上的地位，却重要得多。因为所谓团体不外是个人的组合，而团体在文化上的地位如何，完全是赖于组成团体的个人。团体不外是个人联合的总名，其骨子还是在个人的身上。没有个人，决没团体。文化的产生既要赖于个人的努力创造，文化的发展也要赖于个人的才能。这一点，就是主张团体比个人为重，要像卫士来氏也非没有见到。他曾说过："个人与文化的关系，是要时时注意的，而特别是关于才能和创造文化的首领方面。"

二 文化的基础

文化固然是人类的创造品,但文化也可以说是人类所创造的文化的基础。这句话骤观起来,好像是矛盾,但是细心的想想,却是很平常的道理。原来人类自生长到老死,差不多处处都是在文化里过他们的日子和生活。举凡一切衣食住动作等,都受了文化的影响。人类自生长到老死,对于这些的动作的方法、模型或样式,用不着件件事事由自己去发明或创造,以便自己的应用,因为这些日常的需要,差不多通通已有了预备,有了方法、模样。人类自己所需要者,不外是去学习已有的方法、模样。而且因为人类在少年的时候,受了社会、家庭的教育指导,他们在不知不觉中,受了社会所流行及历史所遗传的文化化。他们无意识的行前人或时人所已行的方法,做时人或前人所传下的东西,遵社会所已有的风俗、习惯、传说、信仰以及其他的生活方式。

因为他自小至大,已受了他们社会的文化的影响,他对于他自己所创造的新文化,也免不得要受这些旧文化或是已有的文化的影响。比方:一个中国的裁衣匠,在西洋文化与中国文化未接触以前,创造了一种新样的衣裳;这种衣裳是和过去的衣裳的样子是不同的，然无论怎么不同，我们预料他决不会造出一种正如西洋人所穿的西装出来。他的样式，总不免得受过中国衣裳的样子的影响，也许是由中国衣裳的样子脱胎而来。因此我们可以说中国过去的衣裳的样式，是这位衣匠的新样的基础。同时他所造出的新样子，决不会离得这种基础太远。所以事实上，他所创造的新样子，其所异于过去的样子的地方，大约只有程度上的差异，而非种类上的不同。我们自然承认这种程度上的差异，若历时太久，结果也许使后人看之，判若二种不同种类的文化，然若详细的研究起来，则其嬗变的遗迹，了然可考，而所谓新种类的文化，也是基于过去的文化。

　　文化的发展，不但只基于文化本身上，而且有了心理及他种的基础。所谓文化的心理基础，学者的解释，各有不同。大概以为人类因为所谓本能、情绪、欲望、习惯、理性的差异，结果是影响到文化上。比方：某人于做某种东西的欲望，比较别人为专一及坚强，则其结果是，他在这件东西的成就上，必比他人为胜。不但如此，上面所举出各种心理要素，因为各有不同，所以其所创造的文化也因之而异，一般主张本能存在的心理学家，指出人类某种文化是由于某种本能而来，比方团体的组织是基于群居，或社会性的本能。又如家庭的发生，是基于性的本能和为父母的本能。此外如同情的情绪，可以发生像慈善的机关及制度。畏惧的情绪，可以使一个人去找保护，因保护而生服从，因服从而生政治制度。同样，人类是有理性的动物，因为了有理性，所以能够征服他的环境，结果是产生出一切科学的发明和艺术等的创造。

文化又有所谓生物的基础。一般的生物学者，以为人类因为受遗传律的支配，所以人类所创造的文化，也受了遗传律的支配。把遗传律来做中心，而应用到人种上，遂发生所谓人种不平等说。这学说的大意是，文化之差异的主因，是由于血统种族及遗传的不同。人类的行为及思想，是依赖于其头脑的构造，而头脑的构造，是先天的。所以脑力的优劣是天生使然，脑力优越的人，其子孙世世也必优越。反之，脑力低劣的人，其子孙也必低劣。

因为聪明脑力是天赋的，所以某种族，若是生而优秀于他种族，则其所创造的文化，也必优秀于他种族。设使这种族能够代代相传其优秀天性，不同低劣的种族相混杂，则其在文化上所占的优越地位，也必能世世保存。

事实上现代学者相信这种学说的已不多了。原来文化的差异是基于人种遗传的不同的学说，不过是由于民族骄傲心，并没有实在的证据。文化的变迁和遗传的关系是很少的，文化可以日新月异，遗传仍可不变。所以我们觉得把人类天生优劣的学说来解释文化的异点，是靠不住的。

这样说起来，所谓文化的生物基础，岂不能成立了吗？是又不然。人类本来是生物之一，当然逃不出进化的原则，而人类的文化的进化，也不能逃出进化的例外。简单的说：人类是文化的创造品；人类既是生物之一种，则这种生物乃文化的基础是不言而知的。

从别方面看去，人类是靠着生物而生。设使没有了其他的生物——无论是植物或动物——恐怕人类本身也要灭绝，还说什么人类文化。德国有一位哲学家告诉我们道：Mann ist was er ist 这句话也许未必尽然，然人类的食品与人类文化，有了密切的关系，是没有疑问的。

除了文化的文化、心理、生物的基础外，还有文化的地理基础。所谓文化的地理基础，是包括气候、土壤、地球外形，如海洋、河流、山岭等。据一般的学者说：气候是与文化有密切的关系的，比方在热带居住的人，大约日趋软弱，而失其团体的能力。在北方寒带的人，富于耐劳而强健，其团体的组织，亦较完密。此外又如在寒带人所取以为娱乐游戏，像雪车，乃热带人所未有，均证明因气候之不同，致文化的差异。土壤的肥瘦与文化亦有关系。文化的发生多依赖于肥美的土壤。同样有大河流之地，多为文化的起源地。海洋对于文化的传播上，也很显明。反之，山岭为文化传播的窒碍。比方：东西文化的接触，汉唐已开始，元朝版图跨驾欧亚，在传播欧亚文化上当有很好的效果；然事实上东西文化接触而发生影响于中国文化者，乃在明朝末年。其原因不外由于明以前的文化接触，是由于陆路。我们试读当时一般游记见其东来困难之多，当能思其文化传播之不易。明代则不然。在这时候，海道已通，商业的关系日密，而于文化传播上较易，结果是对于中国文化上，有莫大之影响，于此可知文化和地理的关系之切。

地理之影响于文化固然密切，但是在文化较为发达的社会，地理要素之影响较为薄弱。其最大的原因是文化的进步愈高，则人类对于征服天然的方法愈精密。在最冷的地方，人类可以用电火而使之热。在极热的地方，人类可以设法使之凉。此外，如苏彝士运河、巴拿马运河之开掘，均足以证明人类能去天然之阻隔，而对于文化的发展上有莫大之影响。

反之在文化较低的社会，人类对于征服自然的力量较弱，自然地理之影响于文化，较为利害。这种见解现代一般人类学者像哥田威士（Goldenweiser）及骆易（Lowie）们均承认。此外又有些人以为在文化较低的社会，地理要素之影响于文化是直接的，在文化较高的社会，其影响是简接的。

三　文化的成分

由地理、生物、心理及文化各种要素的影响，而形成某一社会的文化，我们可以叫做文化圈围。文化圈围是某一种文化的整个方面的表示，而别于他种文化圈围。她也可以叫做研究文化的单位，好像政治学上的政府，经济学上的财产，生物学上的生命，天文学上的天体。

每个文化圈围固是整个的表示，但她可以从二方面去观察：一方面是空间，一方面是时间。从空间看去，文化的特性是复杂的，从时间看去，文化的特性是变动的。因为了她是变动的，所以经过了悠久的时间，文化遂成为不少的层累。因为她是复杂的，所以在每一圈围的文化里，其所包含的成分也很多。因此我们想对于文化本身上得到充分的了解，不但是要明白形成文化的各种基础，还要知道文化的成分及其层累。

想明白文化的成分，及其层累，我们应当从文化的成分的分析，及文化地层的分类来研究。文化地层的分类的功用，是使我们了解文化发展的原则及其程序。文化成分的分析的功用，是使我们明白文化所包含的性质是什么及其关系的原则。我们现在先从文化成分的分析方面说。

著名的人类学者泰勒氏（Tylor）在其一八七一年所著的《原始文化》（*Primitive Culture*）一书里，劈头就说："文化是一种复杂总体，包括智识、信仰、艺术、道德、法律、风俗以及人类在社会所得的一切能力与习惯。"泰勒氏这样的分析文化，学者有些采用，有些变用，四其影响于后来学者甚大。

比较泰勒氏的分析为精密而详细的，是剌策耳氏（Ratzel）。剌策耳氏于一八八五年发表他的《人类学》（Valkerkunde）〔英译为《人类的历史》（*The History of Mankind*）〕，把文化分为物质及智识方面的创造，而所谓物质和智识二方面的文化又可再分为下列诸类：

（一）言语。

（二）宗教。

（三）科学和艺术。

（四）发明和发见。

（五）农业和畜牧。

（六）衣服和装饰。

（七）习惯。

（八）家庭与社会风俗。

（九）国家。

此外又如米勒赖儿（Müller-Lyer）于一九〇八年所发表的《文化的各方面观》（Phasen der Kultur）也以为文化所包含的，乃智识、能力、习惯、生活、物质上与精神上种种进步的成绩。近来人类学者对于文化成分的分析的研究，较为注意，而其分析最有威权的大约要算卫士来（Wissler）。卫士来氏的文化成分的分析见于他一九二三年所著的《人与文化》一书（*Man and Culture*），他的分析包括下面九类：

（一）语言（Speech）。

　　　　言语（languages）文字制度。

（二）　物质的特质。

　　　　（a）食物习惯。

　　　　（b）住所。

　　　　（c）运输与旅行。

　　　　（d）服装。

　　　　（e）器皿用具等。

　　　　（f）武器。

　　　　（g）职业与工业。

（三）艺术。

　　　　雕刻、描写、书画、音乐等。

（四）神话与科学智识等。

（五）宗教的动作。

　　　　（a）礼仪的形式。

　　　　（b）病人的看待。

　　　　（c）死亡的处理。

（六）　家庭与社会制度。

　　　　（a）婚姻的形式。

　　　　（b）亲戚关系的计算方法。

(c) 遗产。

(d) 社会管理。

(e) 游戏与运动。

(七) 财产。

(a) 不动产与动产。

(b) 价值与交易的标准。

(c) 贸易。

(八) 政府。

(a) 政治的形式。

(b) 司法及法律的手续。

(九) 战争。

卫士来氏这样分析，究竟是否明了，及是否妥当，我们这里不必讨论。不过我们若把这种分析和上面所举出刺策耳（Ratzel）的分析来比较，我们觉得二者在大体上是没有大分别的。刺策耳既承认文化的物质方面的重要，则卫士来氏所举第二项物质的特质当然包括在内。卫士来第七项财产虽不列入刺策耳的分析里，然在物质方面亦可包括。此外卫士来第九项战争于刺策耳氏列入国家项内。因此我们差不多可以说卫士来的文化成分的分析，是从刺策耳的分析脱胎而来。

把卫士来的分析计画以为根据，而略以修改使比较的更为复杂的是韩瑾斯氏（Hankins）。韩瑾斯氏的分析是见于他一九二八年所著的《社会的研究绪论》中（页三九二至三九三）。现把来抄之于下：

（一）言语与交通。

    （a）姿势与标帜。

    （b）说话。

    （c）文字。

（二）实际智识与工艺。

    （a）食物。

    （b）衣服。

    （c）住所。

    （d）用具与使用法。

    （e）财产。

    （f）个人服务与职业。

    （g）交易。

    （h）运输。

（三）自然发生的团体及风习。

    （a）恋爱。

    （b）婚姻。

    （c）家庭。

    （d）血统关系的团体，以及他们的权利与义务。

（四）关于人与世界的理想与实际。

    （a）神话。

    （b）魔术。

    （c）神学及宗教的动作。

    （d）医药的信仰与实用。

    （e）科学的智识与实验的方法。

（五）围范个人关系的理想与实际。

    （a）举止与礼节的形式。

    （b）私德。

    （c）自由结合。

    （d）游戏与运动。

（六）围范公共方面的个人的关系的理想与实际。

    （a）伦理的风俗与制度。

    （b）司法的形式与制度。

    （c）政治的组织与制度。

（七）艺术与装饰。

    （a）个人的修饰。

    （b）画图描写与雕刻。

    （c）音乐。

    （d）建筑。

（八）战争与外交。

上面所举出几种文化成分的分析，据著者的意见，可以适合一切的幼稚或进步的文化。质言之，无论在那一个圈围内的文化，都包括这些文化的成分。其实文化成分的分析，不但是止于此，我们也可再做比较上面更为详细或简单的分析。不过我们这处所要明了的，并不是分析上的简明或详细，因为分析不过是我们为研究上便利起见而设，而且这种分析，总不免有多少的主观。结果是每一个人的分析，可以和别人的分析不相同。这个原因不外是因为文化本身上，像我们上面所说，是整个表示。分析是我们对于文化认识上一种权宜，文化本身上并没有这回事。文化的特性固然是复杂，然其所表现的各方面是互有密切的关系。其实精确的分析是一件不可能的事，这一点像分析较为详细的韩瑾氏也没有不承认。

我们现在可以设一个实例来说明。比方：宗教与艺术是二件不同的东西，然我们试看中世纪的艺术，我们只觉处处都是宗教化的艺术。结果是艺术成为宗教上的一种表示。同样，宗教和政治是二件不同的东西，然比方中世纪的国家，有些人说：简直不过是教会的警察厅。由此类推，文化的宗教方面，差不多和文化的其他方面都没有不互相关系，而且这种关系，是很密切的。

因为文化的各方面的关系是这样密切，所以一方面的波动，必影响到他方面。比方：有明中叶因欧亚海道已通，中外商业因而日盛，因通商而牵到宗教的输入。宗教的输入在中国人的宗教上的影响固不待说，然因宗教的输入，又影响到中国人的科学智识。从此以后，所有一切的政治革命，及各种维新事业，没有一件不与通商上有多少关系。

因此我们可以知道文化的各方面不但是因为有了密切的关系，而致一方面的波动，常常影响到他方面，而且文化成分的分析，除了是我们为便利研究起见，她本身上是一个整个的东西。

分析是为研究的便利，所以分析的功用，不但使我们知道在文化圈围里的文化所包含的成分是什么，而且使我们知各种成分的互相关系。此外，分析的功用又可以使我们知道文化在时间上的发展的重心，而给我们在时间得到一种比较的研究，比方我们说中世纪的文化重心是在宗教方面，但是我们于未懂中世纪的文化的重心是宗教以前，我们必先把文化来分析做政治、道德、宗教各方面。设使我们不把她来分析，我们怎能知道她的重心是宗教。所谓中世纪的文化重心是宗教，不外是说中世纪的政治道德各方面没有宗教这么要紧，并非说中世纪没有政治及其他方面的文化。而且所谓中世纪的重心是宗教，不外是把中世纪来和罗马时代的政治及法律和希腊时代的伦理重心来比较，而这种的比较也是赖于分析。此外我们要将空间上的不同圈围的文化，来做一种比较研究，而找出各圈围的重心所在，我们也要以分析为先提。

但是若照上面各家的文化成分的分析来看，这些文化的特质，即无论在幼稚或在比较进步的文化里，都可以找出来，则二种不同圈围的文化的差别，只有程度上的不同，而没有成分上的各异。比较进步的文化所以异于比较幼稚的文化，不外是因为前者复杂得多，后者较为简单罢。文化是人类所独有的东西，而且是人类适应时代环境以满足其生活的努力的工具和结果，所谓文明人固要生活，野蛮人也要生活。生活上的方式固甚多，然生活上所必要的条件，却有根本的相同。因为生活的根本条件相同，则为生活而努力的结果和工具，也必有根本上的相同。设使不是这样，那么文化分析家实在没有法子，去做出一个能够施诸所有的文化圈围的分析计画来。文化成分上的分析，在文化各种圈围的差别，既不能给我们以充分的了解，我们不能不再从其层累的分类上做工夫，而明了其程度上的差异。

第二章 文化的根本观念（下）

一 文化的层累

最先把文化的层累来分类的人要算琉克理细阿Lucretius（96—55B.C.）。他把文化的层累分为三个阶级：一为石器时期，二为铜器时期，三为铁器时期。后人对于这种分类多不注意，一直到一八三四年，丹麦哥本哈根（Copenhagen）博物院的创办人汤姆臣（Thomsen）始再采用。此后人类学者像拉布克（Lubbock）在他所著的《史前时代》（Pre-historic Times, as Illustrated by Ancient Remains, and the Manners and Customs of Modern Sayages 1865 pp2-4 7th Ed, 1913）分为四个时期：

（一）为古石器时代（Palaeolithic Period）。在这时

代内，人类差不多同古象、穴熊及他种已绝灭的动物一样。

（二）为新石器时代（Stone age or Neolithic）。人类于这时期内用石为器具。

（三）为铜器时代（Bronze age）。

（四）为铁器时代（Ironage）。

近代学者对于这种分类大体采纳，惟较为详细，比方：石器时代又分为下面三个时期：

（1）石器时代的起源（Eolithic age）。

（2）旧石器时代（Paleolithic age）。

（3）新石器时代（Neolithic age）。

同样每种分类之下，又可分为若干时代。比方：旧石器时代分为低级、中级及高级旧石器时代。

上面的分类大概注重于物质及器具方面，此外以思想为立脚点而分类者，最显著的要算法国的孔德（Comte）。孔德在他的《实证哲学》里把人类一切的智识思想分为三个阶级：

（一）神学时代。

（二）形而上学时代。

（三）实证时代或科学时代。

在神学时代里，又分为多神及一神时代。据孔德的意见，所有人类的智识的进步都要经过这三个时代。人类文化的高低，也可从此而判决。人类在最初的时代，以为一切现象都有神为之主宰，逐渐乃认识所谓自然法则等。最后乃用科学方法去解释一切现象。若把欧洲的文化史来做比例，则中世纪属于第一时代，十七八世纪属于第二时代，十九世纪逐渐趋到第三时代。

一八九六年，德国飞尔康特氏（Vierkandt）在他所著的《自然人民及文化人民》（Natür Völker und Kultur Völker）分人类为二种：一为自然人类，一为文化人类。他的分类的立脚点，也是注重思想方面。所谓自然的人类，就是以一切的风俗习惯的发展及存在是合乎自然的因果。他们以为一切的遗传及信仰、情绪、动作都是自然而然的。这种自然的人类，照飞尔康特的意见，不但在文化较低的社会可以找出来，就是文化较为进步的社会里，也非没有的。比方：一个人在某种文化较高的社会里，他对于一切的动作制度、言语、衣服，都随着时势所趋，而不问及其所以然，这个人也可以叫做自然的人。由此类推，设使某一个人因为了他的父母是回教徒，他也入了回教，因为了父母是入了什么党，他也入了什么党，这种人也可以叫做自然的人。

文化的人类却不是这样。他们对于社会一切都取研究疑问选择的态度。他们决不会去做盲从的东西，他们也许跟从一般人的行为及动作，然他们所以跟从的原因，不是"人云亦云"，而是经过不少的思量。质言之，他们对于一切都用智力和理性去批评和判断。因此自然人和文化人的异点，不外是在于一者对于事物不问其所以然，一者注重理性和批评。

此外，又像斯泰恩密斯（Steinmetz）（看 L'Année Sociologique, 1898—1899, p71）对于飞尔康特氏的分类大致赞同。惟前者却嫌后者的分类太过笼统。他因略为更改而分为四个时期：

（一）原始人类完全依赖感官。他们对于不能知的东西，完全没有观念。他们差不多可以叫做感觉的人类（Sensationalists）。他们的思想的方法，比之人猿是没有差别的。这是人类文化的第一个阶级。

（二）第二个阶级为神学时期。人类在这时期内，以为一切都有神来主使，用不着人类的强求，用不着他们的努力。

（三）第三个阶级是系统时期。照斯泰恩密斯的意见，这时期包括神话及宗教的创造者、形而上学者等。

（四）第四个阶级为批评时期。这时期和飞尔康特的文化的人类大致相同。

从经济的立脚点来分类文化层累，有李士特（Liszt）、包斯（Bos）、春乃白（Schöueberg）及伊利（Ely）诸家。

第二章 文化的根本观念(下)

李士特分文化的层累为五个时期:

（一）为游猎时期。

（二）为牧畜时期。

（三）为农业时期。

（四）为农业兼制造时期。

（五）为农业兼制造与贸易时期。（参看 Liszt, Das nationale System, Gesch.Schr, Bd iii p14）。

伊利氏也分为五个时期，但稍异于李士特的分类。

（一）为直接应用天然物产时期。

（二）为牧畜时期。

（三）为农业时期。

（四）为手工艺时期。

（五）为工业时期（看Ely, Oulines of Economics. 4th Ed.1923 Chap.3）。

包斯氏却注重于工业方面，然大致与前二者没有大分别。他的文化层累的分类有四个时期：

（一）为采集的工业，动植物及矿产的采集及游猎捕鱼均属此时期。

（二）为生产的工业，像农业牧畜。

（三）为变形式的工业，像手工制造。

（四）为运输的工业，商业属于这类。

春乃白氏分为六个阶级：

（一）为游猎。

（二）为捕鱼。

（三）为畜牧及游牧。

（四）为安居或纯粹农业。

（五）为手工或贸易。

（六）为制造。

最近韩瑾斯氏（Hankins）在他所著的《社会研究序论》里（看页二一一）分文化层累为三个阶级：

（一）为直接应用天然所供给的物产。人类在这阶级里是没有目的的努力，以增加其生产的来源。

（二）为有意识的培养。种植畜牧属于这阶级。

（三）为有目的的利用。

第二章 文化的根本观念（下）

　　这就是人类有目的的去做有组织的研究，以使能预知其将来所得的结果。

　　比上面的分类为详细，而其立脚点不但从文化的一方面的，要算摩尔根（Morgan）氏的分类。摩尔根氏于一八七七年刊行他的《原始社会》（Ancient Society, or Researches in the Lines of Human Progress from Savagery through Barbarism to Civilization）。摩尔根在他这本书的第一章里将文化的层累分为三级：第一级为未开化时期（Savagery）。第二级为半开化时期（Barbarism）。第三级为文明时期（Civilization）。又将第一级和第二级再分为低级、中级及高级三种，并说明每级的特点。到了一八九八年，色什兰氏（Sutherland）著《道德本能的起源及生长》（*The Origin and Growth of the Moral Instinct*）遂采纳摩尔根的分类并加以更改。色什兰分为四个阶级：第一、二级和摩尔根大致一样。第三级也为文明的时期，不过这时期又分为三级：就是低级、中级及高级的文明时期，第四级是叫做（Cultured Stage）（文化时期）。（Ellwood）也采纳色什兰的分类，惟对于第四时期却有点不同（看 Ellwood, Cultural Evolution Chap. II，特别页三十注十二）。

　　一九〇八年米勒赖儿在他所著的《文化面面观》（*Phasen der Kultur*）也分文化层累为四时期。从第一期至第三期，差不多和色什兰没有大异，惟第四时期米勒赖儿叫做社会化时期。这时期的特点，据著者云是女子工作的分工（看该书四卷三章）。到了一九一五年海夷史教授（Hayes）刊行《社会学究序论》（Introduction to the Study of Sociology），又将色什兰的分类略为更改，而分为四时期。从第一时期到第三时期，海夷史完全照色什兰的分类，惟第四时期里海夷史又分为低级、中级及高级的文化的时期。我们现将海夷史及色什兰的分类列之于下。

（一）未开化时期。——人类以自然野产之物为食物，他们常常散居于小社会。他们一生都为食物而奋斗。

（1）未开化时期的低级。——低级文化的人类，身材极短，腹大而腿细长，发乱白而鼻平。每家有十人至四十人聚处，迁徙没有一定的住所。仅略蔽其体，头脑很小。例如南非洲之住于丛林里的人（Bushmen）。

（2）中级的未开化人的体格略如常人，只能找避风雨的地方居住。已晓得用衣服，但男女仍大半裸体。已用小舟，及石或木做武器。每族有五十人至二百人，但没有阶级与社会组织。其法律就是本族的习例。如他斯马利亚人（Tasmanians）。

（3）高级的未开化人常有住所，惟住所多为皮帐。常穿衣服，然两性裸体也不少。以石、骨、铜为较美的武器。合一百人到五百人为部落，随时可迁移。社会的阶级已发生，首领的威权不甚确定。生活秩序的维持是赖于部落的习惯。例如南美的土人。

（二）半开化时期。——这时期的人对于自然界的生产力已经稍能操纵。农业和畜牧很发达。但各家族各努力于其所需，没有分业的现象。但食物既丰富，年间分配又甚均，科学与艺术已萌芽。

（1）半开化时期的低级。——住所大概已固定，有村落。除了热天，大约总穿衣服。女子裸体的很少。陶器也能造。好的独木舟，器具多用石、木、骨等。所居的四围地方用以耕种。商业渐渐萌芽。社会中有确定的阶级，这种阶级是由战功而来。已有政府，由首领依据遗传的法律以治理。部落自一千人至五千人。已不常迁移——但可以和他部落联为较大的联盟。例如美国的伊屡苦哀人（Iroquois）。

（2）中级的半开化人有很好及久长的居所。其住所或木制或茅制。已有市镇。能制较美的衣服，但也不以裸体为不雅。陶业、织业、金属工作都有相当的发展。商业已入初级。通用钱。有正式市场。结合为国家。有十万人。有数王，但没有权。旧传的法典势力很大。等级观念更明了。等级的获得有由个人战功，有由家庭战功。例如非洲之黑人。

（3）高级的半开化人能造石屋。平常生活必须穿衣。纺织为女人常业。铁器和金属工作大进步。铸铁。能作小舟，但只能用桨推行。有公认的法庭和粗疏的法律。人民有五十万，统隶于一王之下。初有文字。等级成为世袭的，分工已渐发达。例如爪哇人。

（三）文明时期。——分业愈细，合作之力愈大，因而得到食物和必需品也便愈加容易。社会的种种功用大为变化，但因此而互相依赖更为明显。艺术和科学也着实发展。

（1）文明时期的低级。——有城，固以石垣。有很好结构精美的石头建筑。用犁。成事有人专任。文字具备。法律粗相见于文字。正式法庭成立。且有文学。例如西藏人。

（2）中级文明人的寺庙和富人的房屋都以砖石筑成，颇美丽。始用玻璃窗。商业推广。船用帆。文字渐普及。抄本书籍流传甚广。对于青年始有文字教育，战事成为纯粹的特殊职业，法律列为条文，始有律师，例如暹罗人。

（3）高级文明人的住所，普通以石筑成，铺道路，有运河，水车风车等。有科学的航海术，用大烟囱。文字为普通技能。抄本书大行。文学很进步。有几千万人，有强力的中央政府。法典写成条文，由官府刊行。有精致的法庭。政府官吏很多。等级分明。例如中国人。

（四）文化时期。——

（1）文化时期的低级。——

（a）生产问题大致解决。

（b）人力替天然组织的效力增加，民众便有闲力去培植精神及审美的能力，普及教育为公认的标准。

（c）勇武非最高成功标准，社会上最高的阶级和负盛名的，多是有钱的，或对于科学、艺术、文学、政治等有大贡献的人。

（d）普通教育及印刷很发展，可以造成和表现多数人明白的舆论，结果促成民治。法律由人民代表制定。

（e）国家所努力不限于军事和经济事业，对于科学艺术之增进和传播，都特别注意。例如现在最进步的国家。

（2）中级的文化人。

（a）的分配问题大致解决，衣食住都很适意。

（b）普及的自由教育（以养成对于世界和人类有概括的了解的人格为主）。

（c）间有战争，但大家都讨厌这事，和我们现在讨厌个人间的吵闹一样。各国合力限制军备，成为世界政策。

（d）多财非大成功。关于经济事业有所发明，或创设有效力的组织，或用有效力的方法管理大规模的经济事业，那才算真正的经济的成功。这种成功和政治的成功有同等的价值。商业的成就乃以货物或劳力的生产率为标准，不以经理人所得的利益为标准。

（e）这不过是就现状而推测将来的趋势，详细的叙述变为走入预料之途。其实要达这时期，恐怕也要好多世纪罢。

（3）高级的文化时期。——将来是不能预料的。也许一二千年后会到这时期。也许到了这时，因为了科学以及公众的救济的动作的组织的进步，及普及对于疾病及体格的缺点能够征服，不康健的人变为例外。所有的进步都为世所知，虽然因为地理环境的差异而致生活的适应上不同。生活上的分歧，也许要成为世界所崇尊。为了这样，各种民众有意识的去发展其特殊的技艺及动作，而成为世界的分工，以实行文化的生活。

我们其实还可以把文化的层累做为较详细的分类，而且各家的分类也不止此。但上面所举出几种，已觉得无限的繁杂。同时也可以使我们对于文化演进的程序得个大概。我们无论是否赞成上面的文化层累的分类，我们总要承认文化确有高低之分。他的演进的程序，是由低而高。而其演进的原则，是由纷乱浑漠的形态而变为明确特殊的形态，由简单而变为复杂，由少数部分和漫散的结合而变为多数部分和明确的结合。

然而我们这样的结论也许有人提出抗议。比方有名的人类学者哥田威士（Goldenweiser）告诉我们道："照我看起来在科学的历史上，文化演进的学说要算作最癫狂最有害最无实的学说了！——她正像一个很无用的玩具给一个很大的童子来娱乐罢。"（看 Goldenweiser, Cultural Anthropology in Barnes' History and Prospects of the Social Sciences）其实这种见解是为大多数的学者所不赞同的，卫士来（Wissler）就是一例（看卫氏 Man and

Culture, p212；又 Malinowski Article "Anthropology" in Encyclopedia Britannica 13Ed, p133)。文化是时时变化的，而且是时时演进的。她的变化和演进，恐怕无论比什么现象的变化和演进都较为显明呵。

文化是演进的，演进是由于变化，变化有渐变突变的分别。因为了突变，所以在某种地层较低的文化的人类，可以不必经过人家已经的阶级，而直接能模仿人家已达的最高阶级。渐变的文化则有一种继续不断的痕迹，班班可考。白芝浩氏（Bagehos）在其所著的《物理与政治》里（Physics and Politics p8）说："文化的细胞因为有了一种继续力，使代代相连。后代将前代之所遗，加以改革，如此类推，累进无已。所以文化并非像一般没有关连的散点，而像一线不断的颜色，互相掩映。"因为她有连续性，所以严格和精确的文化层累的分类，正像一种严格和精确的文化成分的分析是一件不可能的事。

但是文化既是演进的，则文化层累之存在，当无可疑。既有了文化层累，则层累的分类，也为研究文化及明了文化的高低，所不可无的条件。我们应当承认在同一时间的文化地层中，可以有了各种高低不同的文化。这各种文化若已经互相接触，则其趋势及结果，我们于下面的文化接触叚内，当详细讨论。设若各种高低不同的文化没有接触，则所谓各种高低不同的文化，各有其圈围。其实空间上，这里是没有高低之分。因为高低是由比较而来。空间的圈围既没有接触，安有比较。而这处所谓高低只有在某一圈围内的时间上的高低，以及历史上一种已成陈迹的高低。

从文化的成分的分析方面看去，在同一时间的地层及同一文化圈围里，无论文化的那方面都不能离得这种文化地层太高。因为在同一地层的文化的各方面，都受这地层的限制。比方：我们说二百年前广东人所造的手车或别种车，也许和北方人所造的手车或别种车，在模样上及所用的材料种种都有不少的差异处。也许北方的车比较好一点，南方的车比较舒服得多。然我们可以断定的是，无论是北方人或是广东人，决不会造出汽车来。不但是没有汽车，就是一切的自动机器都是没有的。

二 一致与和谐

我们已将文化圈围的空间方面及时间方面，及空间上的文化成分的分析及时间上的层累的分类叙述。分析和分类，均为我们利便研究起见；文化本身在空间上既没有分析这回事，在时间上也没有法子去做明确的分类。事实上，所谓空间和时间方面的分开来说，也不外为了研究上便利起见。文化本身上也没有空间和时间上的分别。每一时间上的文化，都有其空间。同样，每一空间上的文化，都包含时间。为了这个原故，所以我们说在每一圈围的文化都是整个的表示。但是所谓整个的表示并非指明"惟一"或"独一"，而是一致与和谐。其原因是因为创造文化的"人"，并非独一或惟一的人，而是普通的人，或是多数的个人。所以我们要明白文化的一致与和谐的道理，我们应当从创造文化的单位的个人来说。

　　人是处处相同的，而且是处处相异的。这种相同和相异的特性，骤看起来，好像是自相矛盾，但是仔细的去思量，也是一件极平常的事。所谓社会文化的创造及发展，也是全赖于这二种特性。人与人所以能够联合而为社会或团体，不但只是因为他们有了相同处，或是社会性，也许是因为他们的相异处，或个特性。有了相同性，他们能够起同情心而合作，有了相异性，他们可以互相利用而分工。所以相同和相异都可以叫做他们联合而成社会团体的主因。

　　因为了他们的相同性，所以某一个人所能够做或所喜欢去做的东西，别人也能够做或喜欢去做。因为了相异性，所以某一个人所能够做或所喜欢去做的东西，未必为他人所能够做，或所喜欢去做。设使在某一社会或团体里，人人对于适应时境以满足他们的生活的努力的工具和团结是同样，那么这社会或团体的文化，是成了一致。设使他们循着各人的异处去做，而成为互相利用的分工，那么这个社会或团体的文化，从个体方面看去，固是各异，但从全部看去，却是和谐。

但是人是处处相异，而且是处处相同的。因为了相同，所以不但他们能够做相同的东西，而且需要相同的东西。同时因为了相异，有些人所需要的东西，要赖于别人去做，所以共同和各异既可在同一的文化圈围存在，则一致与和谐也可以在同一的文化圈围内，双双并立，双双需要。

从文化的空间上的成分的分析来看，一致与和谐也是双双并立和需要。我们已说过，文化的空间的特性是复杂，她包含了分析不尽的成分。每种成分都有每种成分的特性，不过文化本身上，既没有分析这回事，同时她又不是一个绝对的整个的数的表现，而是像由无数乐器联合奏出的一种音调。这种音调是和谐的。所以从文化的各方面的不同而有连带的关系方面看去，文化是和谐的。但是因为文化的各方面有时都是人人所需要的，从这方面看去，她却可以叫做一致。

空间上的和谐和一致固如此，时间上也有和谐与一致。其实所谓和谐与一致双双并立，已包含了时间。时间上的一致与和谐，不但是双双并立，而且有先后之分。这一点法国的有名学者基佐（Guizot）在其所著的《文化史》里（第二讲第二及第三节），已经说得颇明白。他的大意是：

  设使我们看看欧洲过去的文化，或是过去的罗马和

第二章 文化的根本观念(下)

希腊,以及亚洲及他处的文化,我们免不得要觉到他们总是有一致的特性。每种都好像是从一种事实或一种观念发生出来。我们差不多可以说每种社会都是受制于一种原则之下,而这种原则是一种流行的原则,而为一切的制度、习俗、意见,以及一切的发展的基础。

但是现代的欧洲的文化则不然。我们放眼一看,我们立刻觉到她的分歧,她的混杂,她的骚乱。社会组织所应有的原则,都可以在这里发见。所谓一切的威权,无论是精神的世俗的专制的共和的;所有的各种社会及社会的情境,都在这里浑混而可以发见,以及一切的自由财富与势力的等级。这种复杂的势力、威权、制度,各相争竞,然没有一种足以征服他种而成为唯一的统治原则。在过去所有的团体,都筑在一种的模型上,有时他是专制,有时是神权,有时是民治,每种都为每一时期里的统治原则,而绝对的统治某种社会。但在现在的欧洲,则种种制度都应有尽有于同一时代。各异固是显明,然他们却非完全没有相同之点。其实他们的类同处,是不能错过的,因为这种类同,则所以造成欧洲之所以为欧洲。

照基佐的意见,欧洲文化的发展,是从一致而至和谐。我们上面已说过,文化的演化是由简单而变为复杂,因为了简单,所以易趋于一致;因为复杂,才有和谐。所以基佐的解释也有见地。可是这种由一致而至和谐的发展,只能当做一种相对的真理,却非绝对的原则。因为在古代的文化里,也可以找出因各异而和谐;在现在的文化里,也可以找出因相同而一致。不过若把文化发展的层累的全部来看,则其由一致而和谐的趋向也是很显明的。

我们上面所解释的文化的一致与和谐,是在同一圈围的文化。设使有了二个圈围文化,接触起来,其结果与趋势是怎么样呢?我们的回答是:他们的结果和趋向也是一致的,或和谐的,或是一致与和谐的。要明白文化圈围的接触而趋于一致或和谐,我们当对于文化圈围接触的各方面都有相当的了解。

文化的接触大约有下面三种的可能:

(1)二种完全相同的文化。
(2)二种完全相异的文化。
(3)二种有同有异的文化。

照第一种来看,二种文化若是完全相同,一经接触,其结果和趋势,必定一致。照第二种来看,二种文化若完全不同,则接触以后,其结果是趋向于和谐。照第三种来看,二种有同有不同的文化接触起来,其结果是趋于一致与和谐,我们

第二章 文化的根本观念（下）

现将其公式列之于下：

（1）二种完全相同的文化相接触→一致。
（2）二种完全相异的文化相接触→和谐。
（3）二种同异兼有的文化相接触→一致与和谐。

这种假定完全是基于程度相等的文化。所谓程度相等的标准，颇难指明，但其大概可略举于下：

（1）在文化层累的演进上必须处于同等的阶级。
（2）在文化发展的趋向上必需适合。
（3）他们必需能够适合接触以后的新时代及新环境。

我们上面所假设的文化接触，只限于二种。设使二种以上的文化接触起来，其结果也是趋于一致与和谐。同时我们要承认在这二种或二种以上的文化从接触后而到一致或和谐的地位，必经过一个过渡的时代。过渡时代的延长，也许很短，也许很长。设使二种文化的程度以及一切的需要条件偶然完全相同，那么过渡的时期也许很短。他们一经接触，就能趋于一致。设使这种文化有同也有异，那么接触后必经过相当的时期始能一致与和谐。设使他们是完全各异，那么要到和谐的地位也许很长。

二种完全不同或有异有同的文化，在过渡时代有时好像是平行的。不过他们的平行，不外是文化变换中一个过程。他的目的结果及趋势，总是朝向到和谐的途上。因为了这个原故，所以接触以后，他们无论任何一方，都不能独立生存。因为接触一经发生，立成了一种新局势、新要求、新趋向。他们在过渡时期虽然好像双双并立，其实是双双必需。甲种文化固不能说她单独能够适应这新时代、环境、趋向的要求，乙种文化也不能这样的说。因为二种都是二方面所必需的共同品。

若是我们上面所说的话是不错，那么所谓"保存固有"文化这句话，无论在文化发展的理论上、目的上及其趋势上，都是不通的。因为时代环境一变，则他们惟有一个共同的文化，并没有所谓"固有"，更没有所谓"保存固有"。若是甲方要说他要保存他的固有文化，那么乙方就不要这部分吗？若是乙方说他要保存他的固有文化，那么甲方就不能享受吗？因为一方的保存固有，是别方的欠缺。其结果是欠缺方面，不能适应新时境和趋势的要求。

自然的，甲乙二种文化接触以后，甲固然可以说在这新时境所要求的文化当中，某一种是他的固有，乙方面也可以这样说。但是这处所说的固有，不过是历史上的回顾及陈迹，她并不是这新时境所需要的。因为这新时境所需要的，是一种共同和谐的文化。

第二章 文化的根本观念（下）

我们上面所说的和谐文化，是程度相等而时代环境趋向所容许二者合而为一的文化。设使因为程度上的差异，而时代及环境所要求的文化是甲种文化，那么其接触的结果，是怎么样呢？我们的回答是：乙种文化不能适应于这时境，而逐渐的成为文化层累里的一层。这种接触也有他的过渡时代，在过渡时代里乙种文化和甲种文化——特别是从乙方面看去——也好像有二种文化平行并立，但是从文化的目的和趋势上看去，他们并非平行，他们的关系是乙种逐渐的成为陈迹，甲种逐渐伸张而成为送旧迎新的时代。这个时代也许延长得很久，然她的趋势只有一致。

同样在这送旧迎新的时代，也没有所谓"保存固有"的文化的可能。因为在乙方面，保存既为时境趋势所不许；在甲方面他的固有，也变作普通所有，所以他也不能保存他的固有，结果正像我们上面所说的不同文化接触之后，而趋于一致或和谐。二者的合一的方法固不同，然他们的目的和趋向，却是一样。

我们已略将文化的发展及文化的性质说明。总而言之，在时间上，文化是变动无已的。在空间上，文化是连带关系的。因为变动，才有发展和演进。因为连带关系，所以才有一致或和谐。时间上的层累变换及堆积愈多，则其发展及演进必愈速。空间上的圈围愈放大，则其所趋于一致及和谐的圈围也愈大。在空间上，设使二种各异的社会的文化未曾接触，他们的发展也许各异；但是他们一经接触，则无论如何，他们总是趋于一致或和谐。在时间上，他们接触之时，或成为一致或和谐以后，若有第三种不同或同的文化来和他们接触，他们也是趋于一致或和谐。因此人类文化在时间上的发展与演进是与人类的生存的时间的延长上成为正比例；而人类文化在空间上的趋于一致或和谐的范围，也是和人类在空间中所扩充的圈围相等。我们总能记得过去所谓惟有神仙才能飞天缩地，所以惟有神仙始能造出飞天缩地的文化。我们也且记得，曾几何时我们以为中国就是世界，所以中国文化就是世界文化。这种观念，我们已觉是错误。其实我们现在所觉得比较飞天缩地为难做到的文化，恐怕不外是将来人所觉得在文化层累里已成陈迹的一层文化，而现在所谓世界的文化，恐怕也不外是将来人所谓宇宙文化的一小部分罢。

第三章 折衷办法的派别

我们现在可以从第三派——折衷派——说起。这一派虽然是调和复古和西化二派，她本身上却有不少的派别。我们因为篇幅所限，不能将这派所有的派别来做详细的叙述，现在仅将数种比较流行及比较重要者来说罢。

一 中学为体与西学为用

这一派的意义是"言人人殊"。有些人以为所谓中学为体，西学为用，是把中学当作桌子，西学当作椅子。以桌为体，以椅为用。这样说法，简直没有什么意义。又有些人以为体是能力（Capacity），用是动作（Action）。更有些人以为体是机体（Organ），用是功用（Function）。这样说法固未尝没有道理，但是动作之于能力及功用之于机体，本来是分不开的东西。中西学术，各有其体，而且各有其用。其用之所依，在于其体。体之所表，在于其用。而且有其体必有其用，有其用必赖其体。今欲以二种不同之体，及其不同之用，颠倒配置，是无异欲用目以觉嗅味，而用鼻以视物。中西文化既是二件不同的东西，今欲采纳西方文化之用，而不要其体，正像是舍本而求末，断其源而取其流。这种意见的错误，是很显明而很易见的。

中学为体，西学为用，是三十年前一种最普遍的流行语。所以主张这派的人物，也是举不胜举。我觉得比较的说得透切，而且最有力量的，恐怕要算南皮张之洞。张氏对于这种主张最力的著作，是他的《劝学篇》。《劝学篇》是广布于光绪二十四年。篇头有下面一段谕批：

　　光绪二十四年，六月初七日，内阁奉上谕，本日翰林院侍讲黄绍箕呈进张之洞所著《劝学篇》。据呈代奏一折，原书内外各篇，朕详加披览，持论平正通达，于学术人心，大有裨益。兹将所备副本四十部，由军机处颁发各省督抚学政各一部，俾得广为刊布，实力劝导，以重教化而杜卮言。钦此。

第三章 折衷办法的派别

张之洞在当时本来是第一等名流疆吏，言论足以左右人心，自不待言，又得"圣旨"之奖励，其影响之大，可以想见。张氏著书之原因，据他自己在其序里说：

> 图教时者言新学，虑害道者守旧学，莫衷一是。旧者因噎而食废，新者歧多而亡羊。旧者不知通，新者不知本；不知通则无应敌、制变之术，不知本则有薄名教之心。

其结果是：

> 夫如是，则旧者愈病新，新者愈厌旧，交相为愈，而恢诡倾危，乱名改作之流，遂杂出其说，以荡众心。学者摇摇，中无所止，邪说暴行，横流天下；敌既至无以战，敌未至无以安，吾恐中国之祸，不在四海之外，而在九州之内矣。

因为了这个原故，所以不得不提倡"中学为体、西学为用"去调和。《劝学篇》分内外两篇，内篇有九，外篇十五，内篇的旨趣是务本，外篇的旨趣是开风气。内外二篇的差异及其需要，正是暗合中学为体、西学为用的差异，以及二者的需要。所谓中学，就是旧学。所谓西学，就是新学。"四书、五经、史事、政书、地图为旧学。西政、西艺、西史为新学。"（学外篇第三）张氏这样的去分别中学西学，只有程度上的差异，没有种类上的差异。所以中学里的政书固宜学，西学里的政书也要学；结果是要新旧兼用，不使偏废。（设学）"如外不知中，调之失心；知中不知外，谓之聋瞽。"（广译外篇第五）

因为中学为内学，西学为外学，所以中学乃治身心的学，西学乃应世事之学（会通外篇第十三）。我们对于新旧中西内外之学，既不可偏废，我们为学者，"不必尽索之于经文，而必无悖于经义。如其心圣人之心，行圣人之行，以孝弟忠信为德，以尊主庇民为政，虽朝运汽机，夕驰铁路，无害为圣人之徒也"。（会通）我们可以想到在当时一般守旧者，差不多样样都要依据经文而行；在经文里找不出的东西，均在排挤之列。汽机铁路是经文所不载，故应在排挤之类，所以曾纪泽之坐汽船返乡，不但是违经畔道，而且污辱家风。是在这样的环境里，稍有维新头脑的张之洞，免不得要发出不必尽索之于经文，而必无悖于经义的言论。若把张氏的言论推衍起来，则一切东西，中国都可采用，只要这些东西和中国固有的文化没有针对的冲突。

但是若要从西洋输过来的文化，不要和中国的文化相背驰，则中国文化，不但只有存在的必要，而且是为采纳西洋文化的标准。假使这些文化，是和中国的文化有背驰处，则宁可弃西学而留中学。因为这样的原故，中学仍当为本，而西学为末，而在求学的循序上，也应以中学为先，西学为后。他在内篇循序第七里说：

> 今日学者，必先通经以明吾中国先圣先师立教之旨；考史以识吾中国历史之治乱，九州之风俗；涉猎子集以通我中国之学术文章，然后择西学之可以补吾阙者用之；西政之可以起吾疾者取之。斯有其益，而无其害。如养生者，先有谷气而后可饫庶羞；疗病者先审藏府而后可施药石；西学必先由中学，亦犹是矣。

但是南皮又说：

"今欲强中国，存中学，不得不讲西学。"照他的意见，西学是不可不讲的；不讲西学，则中国弱；中国弱，则必至于亡；中国亡则中学也必随之而亡。所以不但为中国强盛计，不得不讲西学，而且为保存中学计，也不得不讲西学。所以中学为体，西学为用，是二件缺一不成的东西。一者虽是本，一者虽是末，然无本固没有末，然若没有末——西学——照张南皮的逻辑来说，也恐没有本。中学固不可无，而且要先学，然为保存中学计，西学是不可不讲的。

上面是将张氏的中学为体、西学为用的理论解释。本来这种理论，现在已没有人去相信，它已成了历史上一种陈迹。

不过因为它在当时的确是"金科玉律","不刊之言",而且因为它影响到后来的折衷派的力量很大,以及它的缺点的所在,好像没有经过详细和充分的指摘,所以我们不妨将它的错误处,略为叙述。

第一,一般用"中学""西学"这名词,虽然所包含很广,然他们所谓西学,不外是西政和西艺;而所谓西政西艺,又不外像张之洞所说"学校、地理、度支、赋税、武备、律例、劝工、商工,西政也;算、绘、矿、医、声、光、化、电、西艺也"。他们绝不想到西洋人,除上面各种学外还有他种学。梁启超曾说过:"当时之人,绝不承认欧美人除能制造,能测量,能驾驶,能操练之外,更有其他学问;而在其译出西书中求之,亦确无他种学问可见。"其实张之洞已见得西艺之外,还有西政,然除此以外,一切的西洋哲学、人生观、社会观,以及其促成西洋文化的原动力,他们却不但不注意,简直不知其存在。同样,所谓中学也正如上面所说,也不外是指四书、五经、史事、政书、地图等。所以他们所谓学固然是想包含一切,而等于文化的全部,或是占了文化的重要部分,然因为其所谓学的范围既只知其一,而不知其三,结果他们对于西学究竟是什么,没有充分的了解。他们对于西学本身既没有充分的了解,而高谈东西学的优劣,以及东西学的异同,以为调和东西文化的张本,这正是舍本而求末。

第二,学固有新旧之分,然没有东西、中外之分。质言之,

第三章 折衷办法的派别

学固有时间上的差异，而没有空间的不同。在中外未曾接触之前，我们既没有东西学的观念，则东西学不能成立。在中西接触以后，则其趋势及其结果若不是立趋于一致，则必趋于和谐，若不是趋于和谐，则必是一者逐渐伸张，一者逐渐为陈迹，而只有历史上或为研究而研究的价值，其结果终是一致。所以所谓中西学的真义，不外是新旧学。张之洞屡用中西、中外、新旧诸名词，而不指其分别，结果是把中学为旧学，西学为新学。我们以为旧学是旧时代的产儿，新学是新时代的产儿。张之洞也觉得西学乃救时应世之学。西学既是新时境的需要，则西学之讲求，必更甚于旧学。旧学之所以不能救时应世，就是因为他与新时境不能相容。换言之，就是根本上新旧学不能相容。以根本上不能相容的新旧学，而欲把来熔于一炉，这正像叫现代的欧洲各国，仍要受制于中世纪的教皇之下，何况我们还要以旧学为主、西学为用？

第三，我们上面已说过：有其体，必有其用。有其用，必依其体，中学有中学的体，西学有西学的体。中学有中学之用，西学也有西学之用。惟有中学的体，才生出中学的用，惟有西学的体，才有西学的用。反过来说，就是中学的用，是完全建立在中学的体上。西学的用，完全建立在西学的体上。西学的用之所以异于中学的用，是因为西学的体，是异于中学的体。比方：听是用，耳是体；看是用，目是体；耳的用所以异于目的用，就是因为耳的体，是异于目的体；今因为了耳聋,而欲以目的视的功用去配到耳的体上,怎能配得?同样,他们既承认了中西学的不同处,则中西学的体用也必有不同之处;今欲存中学之体,而取西学之用;去中学之用,而舍西学之体,其愚昧之甚,和欲以目之用,而配于耳之体,相去几何?其实体用是二而一、一而二的东西,要是中学只有了体,而没有用,那么中学已成了废物。至多只能把它来作古董来玩玩,至多只能当做为学而研究的学罢。

最后,张之洞还有一种错误,就是养成为学不澈底与浮夸的风气。梁启超氏每每自责其对于晚清学术负有这种错误的责任。其实张之洞的责任还在梁氏之上。然这种错误,也是由于他的中学为体、西学为用的理论发生出来。他见不到学有专科,而劝人去就其所欲之科以求精,而把学来分为中西,同时又感觉到"不讲新学,则势不行,兼讲旧学,则力不给"的困难,结果是劝人中西兼学,而其实是弄成中西兼缺。总之,他心目中的学者,是要万无不能。他却不知道所谓无一不能,就是一无所能。

因为了要学兼中西,所以劝人"不必以殚见洽闻为贤"。同样他见得西文难于东文(日文),所以他又劝人读西文不如读东文;译西书不如译东书。我想晚清以来,西洋文化之介绍于中国以留日学生之功劳最大,大约是由乎张氏之赐。然因此之故,中国之所谓西化,乃是间接,而非直接。梁启超在其所著《清代学术概论》里(一六二—一六三页)说:

晚清西洋思想之运动最大不幸者，一事焉。盖西洋留学生殆全体未尝参加于此运动。运动之原动力，及其中坚，乃在不通西洋语言文字之人，坐此为能力所限，而稗贩破碎笼统肤浅错误诸弊，皆不能免。故运动垂二十年，卒不能得一健实之基础，旋起旋落，为社会所轻视，就此点论，则畴昔之西洋留学生，深有负于国家也。

其实梁氏所责备于留学者，正是张氏所盼望于他们。其原因就是因为他要以中学为体，西学为用。他忘记了学问的门类到这么多，能够专精支流百出的西学中一件，已是不容易事，何况要学贯东西。他忘记了直接去学西学尚恐不能窥其全豹，何况从日本人手中所得来的西学。他更忘记了日本人既能直接去学西学，中国人安有不能之理。自暴自弃，一至于此，学之浮夸，可以想见！

二 精神文化与物质文化

与主张"中学为体、西学为用"有不少的关系，而又有其差异的折衷派，是所谓精神文化与物质文化。从历史上看去，这一派差不多是承前一派而继起的主张。这一派的人们已感觉到专把学来区别中西的一切，是不妥的；而且体用二字，既把来当作本末解，结果是表示一重一轻。因此，他们把范围较大的"文化"或"文明"二字来替学，同时把文化来分作二方面：——精神与物质——这二方面的关系，并不必是像体用或本末的分别，而是一种平衡的关系。质言之，文化是有二种的：一种是精神文化，一种是物质文化。主张这派的人们，告诉我们说：欧洲的文化是物质文化，而东方的文化是精神文化。他们承认我们目前所缺的是物质文化，所以西洋的物质文化是应当效尤的。但是精神文化呢？我中国却比较西洋为胜，所以我们对于我们的精神文明，是要特别去保存和发扬。欧洲大战以后，国人以为战争之罪恶和惨况，完全是由西洋人太注重于物质文化，他们不禁手舞足蹈起来叫道：

我们的可爱青年呵！——立正——开步走——大海对岸，那边有好几万万人，愁着物质文明破产，哀哀欲绝的喊救命，等着你来超拔他哩。我们在天的祖宗，三大圣，和好多前辈，眼巴巴盼望你完成他的事业，正正拿他的精神来加佑你哩。（看梁启超《欧游心影录》）

所以不但中国人要留存他的固有精神文化，他还要把这种固有的文化去供给欧洲人。他们的标语是：东西文化，是各有长短。所以将来的世界文化，是东西精神物质文化的调和。这一派的力量之大，在过去十余年中，的确不亚于从前的"中学为体，西学为用"。他的信徒不但是包括国内名流，像梁启超先生一般，而且像印度泰谷尔、英国的罗素、美国的杜威也有相当的信仰。因为了欧洲的特殊的环境，以及这般言论界的领袖去领导和鼓吹，所以直到现在，他的势力还是布满天下，而言论之发见于报章者随处可指。

但是究竟什么是精神文化、什么是物质文化呢？明确的分别我们仍是不易找出，惟大概上，他们所谓精神文化，是指着道德哲理思想这方面，而物质文化是包含像机械建筑以及一切的实物。其实"文化"二字的意义，据一般人类学者所公认，是包含物质和精神二方面。剌策耳在他的《人类学》及米勒赖儿在他的《文化各方观》以及差不多所有的人类学者，都承认这点。我们在文化的根本观念里所叙述各家的文化成分的分析，也是包括这二方面。这种文化成分的分析，据各家的意见均可以包括一切的文化圈围。换言之，就是无论那一个文化圈围里的文化，都有这些的成分。

再从"文化"二字的语源来看，文化也是由精神、物质所组成。(Caltura)或德文(Kultur)一字，本由拉丁(Cultura)而来。而拉丁文(Cultura)一字，又出自(Cultus)。(Cultus)一字含有二种意义：一为(Cultus Deorum)，一为(Cultus

Agri）。前者包含拜祭神明之义，后者包含耕作土地之义。这二种意义，在原始社会本有密切的关系，不过因为文化的演进，是逐渐趋于复杂，而这二种意义的范围也因之而扩大。拜祭神明，遂包括一切的精神方面的动作，而耕作土地，遂包括一切物质上的动作。所以从语源上去考究，所谓文化并不专指精神或物质一方面，而是包括精神及物质二方面。

因为文化是指明精神与物质二方面，所以每个文化圈围及整个文化，都含有这二方面。其实文化本身上，是没有精神物质之分。这种分别，不外是我们为研究上便利起见，正像一般的文化分析一样。所以精神文化和物质文化是二而一、一而二的东西。他们正像身体与灵魂一样。为研究的便利起见而分析则可，但是他本身上没有这样分析一回事。

设使我们上面所说的话尚不能给读者以充分的明了，我们从东西文化的实体上看去，则读者也必觉我们上面所说的话是不错。折衷派者告诉吾们道：东方文化是精神文化。其实东方的文化，何止是精神文化？东方像中国的丝绸缎纱、山珍海错、高楼大厦、长城运河，以及一切的物质方面的工具及成就，岂不是东方的物质文化吗？东方不只有精神文化，还有物质文化，东方的物质文化，在我们这时代看起来，虽是远比不上西方的物质文化，然四百年前的东方的物质文化，是怎么样呢？我们知道，马哥孛罗的游记在欧洲刊行以后，欧洲人正是惊讶中国物质文化之驾于欧洲。所以数百年前的欧洲人心目中所见得中国的文化，只是物质文化。火药、指南针、印刷版、丝布呵、园艺呵，是不是吾"物"其西呢？我想经过数十世受制于精神天国的欧洲人，见了这些东西，也许会说道东方只有物质文化，西方呢，却只有精神的文化。

东方的圣人现在又告诉我们道：西方只有物质文化。我想这话不但中世纪的欧洲人，会绝对不承认，而百思莫解；就是现在的欧洲人，也会惊讶起来问道："东方的圣人呵！你的文化解释是怎么样呵！我们不只有爱迪生、亨利福，还有卢梭、黑格儿。我们不单的有汽船、飞机，还有宗教、文学、哲学。试问你们所持以夸耀的精神文化的那一件，是我们所没有的呢？"

精神文化既非东方所专有，物质文化也非欧洲的独产。折衷派的智者也会说道：我们并非独断中国没有物质文化，欧洲没有精神文化；我们的见解是：欧洲遍重于物质文化，所以欧洲的物质文化比东方的物质文化优得多；中国遍重于精神文化，所以中国的精神文化较优于欧洲；我们的主张，是要把西方之长，以补东方之短；以东方之优去救西方之劣。

这样的理论是很好听的，不过好听未必适于实行。原来文化本身上，因为没有精神物质之分，所谓某种文化的物质方面，不外是指神方面的表现；面精神方面的表现，又必赖物质以为工具。欧洲的物质文化发达到这样，完全是赖于欧洲的精神文化。只有了科学上的发明及方法，才有科学上的果实。一间五十层楼的高厦，不单的靠着一桶桶的士敏土，还要靠着不少的思想和计划。一只五万吨的火轮船，不单只靠着一堆的钢铁，还要靠着不少的潜思冥索。所以一切的物质文化的进步，是要赖于精神文化的进步。我们一看了人家的物质的文化的程度，就可以明白人家的精神文化的程度。同样看了人家一本制造飞机和汽车的书，我们也可以推思人家的物质的文化是怎么样。这本书是精神文化之一，然这种精神文化，是要待物质文化来表明。设使这本造飞机的书，所描写造飞机的方法及途径，无论什么制造家照着这方法去做而不能造成一个飞机，或是造成而不能飞，则这本书的价值，也不能表现出来。根据了这些的道理，我们的结论是：欧洲的物质文化是由欧洲的精神文化而来。看了欧洲的精神文化，也可以知道欧洲的物质文化。东方的物质文化是由东方的精神文化而来，看了东方的物质文化也可以知道东方的精神文化。我们若是要西方的物质文化，我们不能不要西方的精神文化。我们若是要保存东方的精神文化，我们不能不保存东方的物质文化。然而保存固有，既是与文化接触的趋势的原则上不能相容，则其趋向的结果，正是和我们上面所说的相同。

退一步来说，就使物质文化与精神文化可以分开，我们能否把西洋的物质文化，来配上中国的精神的文化呢？我们的回答是否定的。所谓中国的精神文化，无非是一种简单物质生活的文化。所谓物质简单的生活的文化,并非没有物质文化,而是对于物质生活的复杂或发达上,加以否认。这种文化,是全由传统思想所垄断,而传统思想的代表最显明的,要算老子与孔子。老子的"五色令人目盲,五音令人耳聋,五味令人口爽",以及他的"小国寡民,使有什伯之器而不用,使民重死而不远徙,虽有舟舆,无所乘之,虽有甲兵,无所陈之,使人复结绳而用之……",均是这种精神文化的表示。孔子之所以赞赏颜回、夏禹,去食去兵而存信,"邦有道,谷;邦无道,谷,耻也"。也是同样的表示。所谓饿死事小,失节事大,均是由这种文化推衍而来。以这样的物质简单生活的精神文化,而欲与物质发达的西洋文化熔于一炉,水火何异?

三 静的文化与动的文化

这一派与上面所说的精神文化与物质文化,也有多少关系。主张这一派的人,多数也主张上面一派。他们以为物质文化之所以急进,由于欧洲人征服自然之力大。这种征服自然之力,就是动的表示,故叫做动的文化。反之,中国人因为顺乎自然,故自己不必用力去征服自然,而能于精神上得不少的安静，以成其静的文化。所以根本上东西文化之差异就是一则以动，一则以静。

主张这派的人们也很多，印度的泰谷尔及很多西洋学者，国人像李大钊及《东方杂志》的记者伧父均极力鼓吹，下面二段言论就是这派的代表。

> 综而言之，则西洋社会为动的社会；我国社会为静的社会。由动的社会，发生动的文明；由静的社会，发生静的文明。两种文明，各现特殊之景趣与色彩；即动的文化，具都市的景趣，带繁复的色彩，而静的文明，具田野的景趣，带恬淡的色彩。吾人之慕西洋文明者，犹之农夫牧子，偶历都市，见车马之喧阗，货物之充积，士女之都丽，服御之豪侈，目眩神迷，欲置身其中以为乐；而不知彼都人士，方疾首蹙额，焦心苦虑，与子矛我盾之中，作出生入死之计乎。（伧父《静的文明与动的文明》）

> 今日立于东洋文明之地位观之，吾人之静的文明，精神的生活，已处于屈败之势。彼西洋之动的文明，物质的生活，虽就其自身之重累而言，不无趋于自杀之倾向；而以临于吾侪，则实居优超之域。吾侪日常生活中之一举一动，几莫能逃其范围，而实际上亦深感其需要，愿享其便利。例如火车轮船之不能不乘，电灯电话之不

能不用，个性自由之不能不要求，代议政治之不能不采行，凡此种种，要足以证吾人生活之领域，确为动的文明、物质生活之潮流所延注，其势滔滔，殆不可遏。（李大钊《东西文明根本之异点》，七年七月《言治季刊》）

我们这处应当声明，李先生的言论是和伧父先生有点不同。后者稍重于采行动的文明，而前者偏于保留静的文明。不过他们的同点，就是文化是有动有静的，而东方的文化是静的，西方的文化是动的。这种的文化差异，遂引起他们的调和主张，他们以为过动则于精神上受无限的激刺和痛苦，过静则又易被自然的征服。最好的办法是，以西洋之动的文化以调我东方之静的文化；同时也应以我之静的文化，以济西方之动的文化。

但是文化——我们已说过——是动的。一切文化都是动的。文化之所以是动的，是因为文化是人类改造时境以满足其生活的努力的工具和结果。人类之所以别于他种动物而有文化，都是由于人类能够努力去改造环境，努力去创造文化。努力总是要动，所以文化之发生及发展，完全是类于动。安静不动而随着时代环境的推移，决没有会创造出文化来。华德（Ward）说得好：动物是被环境的改变，人则改变环境。但是人之所以能改变环境而创造出文化来，是完全靠着不断的动力。所以变动，像我们上面已说过，是文化的特性。设使文化没有变动，那么文化决不会有演进。所以文化演进的速度，是与文化变动的速度成为正比例。西洋的文化固是动的文化，东方的文化也何尝不是动的文化？要是我们的文化不是动，那么我们决不会从茹毛饮血，而进到熟食谯饮的地位。我们决不会从穴居野处，而达到居住广厦的地位。我们决不会从结绳以纪事，而达到用文字以纪载的地位。所以从这方面看去，一切文化都是动的，所差异的点，不外是欧洲现代的文化动得很利害，而中国的文化的变动，却比较的动得太少。但是因为了这样，所以中国文化的进步上却远不及欧洲的文化。所谓静的文化，简直是像死的文化。我们为什么不说真心话，承认我们的文化在文化发展的阶级上，是低过欧洲的文化，而格外努力去向前直追，却要偏偏去把世间所无的静的文化来自慰呢？

四 所谓科学的分析办法

近年以来，国人对于社会学研究的兴趣，逐渐浓厚，而对于社会学上的文化学派的介绍，尤为注意。从文化的根本观念上研究，而解决东西文化，本来是一件很好的事；无奈他们对于文化的根本观念上，没有充分的了解，结果他们所谓以科学的分析去解决东西文化，也是不能使我们满意。主张这派的人也并不少，许仕廉先生（看《文化与政治》）、孙本文先生都是属于这派（看孙著《中国文化研究刍议》，载《社会学刊》一卷四期）。我们现在专把孙先生的主张来讨论。孙先生的文化研究的目标有三种：

（一）分析吾国固有的文化，而了解其种种特性（按这种分析是像我们上面所举出的各家的分析）。

（二）了解我国固有文化的特长及其缺陷，以为改造文化的张本。

（三）根据现代世界趋势，对于这种种特性的价值，加以严密的评估。

我们可以设一个例子来解释其目标的错误。比方：我们照孙先生的方法去做，而寻出大家庭制度是中国文化一种特性；第二步的工夫是评估大家庭的好处和缺处。对于这一层，我们又寻出大家庭的好处是互助的精神，她的缺处是依赖的惰性。我们第三步工夫是看看世界的趋势对于这种大家庭的价值如何。我们对于这点的寻求结果是大家庭不适于这种趋势，而且没有法子在这种趋势之下生存。在这样情形之下，我们有什么办法呢？

我们以为折衷派的主张的缺点，是对于研究文化的方法和文化本身的分别上，没有充分的了解。为了便利起见，我们不妨把文化分作物质方面及精神方面，或者像上面所举出的分析大纲，但是文化本身上并没有这样的分开，结果不但所谓物质文化和精神文化的分别，是缺了客观的态度，而是主观的分类，连了所谓科学的客观方法的分析文化的特性，也是主观的分析。因为它本身上分析不来，所以各方面有连带的关系，一方面因了内部或外来的势力所冲动，必影响到他方面。她并不像一间屋子，屋顶坏了，可以购买新瓦来补好。它并不是这样的机械的，并不是这样的简单的。

并且若是我们承认文化是人类适应环境的出产品，我们不得不承认环境既变，文化也随之而变。把二世纪前的中国环境来比现在的环境，无论是那一个都要承认其完全不同，然能够承认文化上应该根本改变，能有几人？同样，若是我们承认把世界的趋势来做评估我们的固有文化的特性，试问这种世界的趋势是否容许我们固有的特性的存在呢？要是这种回答是"是"，那么我们所谓固有的文化的特质，并不是我们的固有，也非我们的特质；因为它是世界所共同的，它是世界所共趋的，它是我们现在适应现在的环境的出产品。从历史上看去，它固然是与过去的特性偶合，也许连带，然而我们决不能说因为它是我们的过去的特质的优点，所以要保存它，因为我们的文化观的前提是人类适应环境的出产品，环境变了，它也变了。设使我们的回答是"否"，则我们的

第三章 折衷办法的派别

固有文化的特质,已没有存在的余地,因为它是不合乎世界的趋势。不合世界的趋势,不但没有存在的余地,而且没有可以评估的价值;因为我们所把以为评估价值的标准,是现代世界文化的趋势。

孙先生岂不是告诉我们罢:"但自海通以来,欧风美雨,滚滚而来,潜滋暗长,势不可遏,时至今日,欧美文化,充斥都市,遍及乡僻,可谓无孔不入,无微不至了!"试问所谓滚滚而来的欧风美雨,是不是现代世界文化的趋势?如其不是,那么我们所当据以为评估我国所固有的文化的特质的现在世界的趋势,是那一样?如其是,那么照孙先生所说,我们已完全西化了!即全盘接受西方文化,已成为一种事实,而且合乎现在世界的趋势。

可惜事实上的中国,并不像孙先生这样说。我们以为设使中国而真西化了,中国老早赶上欧美,至少也赶上日本。无奈孙先生所说的西化,乃是我们只晓得享受的"西洋货",并非我们自己所创造的"西洋化"。我们自己不会造汽车,只会坐汽车,这样叫做西洋化吗?我们自己不会造汽船,只会乘汽船,这样叫做西洋化吗?无怪得数十年来的提倡西化,终不见化得什么!

五 物的文化与人的文化

近来又有些人,特别是去年在南京成立的亚洲文化协会的人们,以为西洋的文化是"物"的文化,而东方的文化是"人"的文化。原来一切的文化都是人的文化,没有物的文化;因为惟有人,才有文化。物的本身决没有变成文化的能力。自然的,用这二字的人们,还有别的意义,不过以"物"与"人"相对来说,最易使人陷入因词害意、望文生义的错误,所以人的文化与物的文化,至少在字面上是不妥当的。

所谓物的文化与人的文化的真诠,据亚洲文化协会第一次大会的主席的致开会词里(看二十年出版的《半年来之亚洲文化协会报告书》),及其亚洲文化协会的使命一文里,便可明白。它的主席致开会词里道:

> 他们(西洋人)自己夸耀自己的文化,实际上他们的文化的本质只是物质的侵略。他们的文化简直是"物"的文化,而不是人的文化(!!)。在现在的世界里,物的文化竟代替了人的文化,这是多么可痛而又可怕的事!

第三章 折衷办法的派别

　　欧罗巴的文化，是世界上大多数民众呻吟痛苦的文化，是最近百余年兴起的文化，是物的文化，是霸道的文化。

　　亚细亚的文化是具有解放一切被压民族的特质的文化，是具有悠久的历史，过去的光荣的文化，是人的文化，是王道的文化。

照上面的话看起来，这种的东西文化差异观，与上面所说的精神文化与物质文化，是有很密切的关系；不过他们把所谓物的文化的重心在霸道上，而把所谓人的文化解做"王道"。同时亚洲文化协会的人们，虽然这样的分别东西文化，他们并非主张二者的绝对调和。他们对于东方的整军经武，富国强兵，虽然没有积极的赞成或反对，他们的重心却在以亚洲的王道文化，以济西方的霸道之穷。所以与其说他们是折衷派，不如说他们是复古派，不过主张以西洋的霸道来救中国之弱，同时保存中国之王道以济西洋霸道之穷的调和论调，是数十年来中国人一种流行的论调。他们一方面见得中国自海通以来，日弱一日，每次战争的结果，都是割地赔款；他们又见得日本数十年来的维新，物质的提倡，武备的经营，卒使数十年前积弱不亚于中国的日本，能与欧西相对峙，能够一跃而为一等国。所以物的文化，霸道的文化，不能不提倡。然他们看得欧战的满目疮痍，他们又觉得所谓中国的王道的文化，正是可以救济这种战争的惨状，而格外要保存这些所谓固有的美德，结果是生出一种折衷派的言论。

但是根本上把王道与霸道来分别东西文化的异同，是一件很不妥当的见解。西洋的文化，不只是霸道的文化；而东方的文化，也不只是王道的文化。从我们的开国祖宗到了现在，随处都可以找出我们的霸道。黄帝的征伐蚩尤且勿论了，春秋的五霸，秦政的囊括四海，汉武的穷兵黩武，以及好多的历史证据，都是我们的霸道的表征。反之，在西洋从康德的永久和平到欧战后的威尔逊的十四条款，国际联盟，无非反抗霸道的主张。所以霸道和王道的差异，至多只有量的差别，而没有质的差别。其实，所谓王道、霸道，从文化的全部看去，他只能算做文化的好多方面之一方面罢。

第四章 复古办法的观察

复古是中国人的传统思想,而且是中国思想上一个特点。这是读过中国历史的人总要承认的。这种思想的承上起下的关键人物,当然要算孔夫子。孔夫子在他的言论里,处处都露出复古的彩色,这是读过孔夫子的书的人总要承认的。我们现在把下面数段话来证明:

子曰:周监于二代,郁郁乎文哉!吾从周。

子曰:吾学周礼,今用之,吾从周。

颜渊问为邦。子曰:行夏之时,乘殷之辂,服周之冕。

子曰:大哉!尧之为君也。巍巍乎,唯天为大,唯尧则之。

子曰:我非生而知之者,好古敏以求之也。

子曰:述而不作,信而好古,窃比于我老彭。

> 子曰：甚矣，吾衰也。久矣，我不复梦见周公。

上面数段话，不过从《论语》中举其显明者，然孔子的复古思想，已可概见。不但是唐、虞、夏、商、周一切的政治礼法风俗及其他的社会制度是好，就是一切的古学都要"学而时习之"。连了在梦里也要想见周公。这样的极端的复古，放大起来就是一切的文化，都要依法前人。而依法前人，是愈古愈好。他特别的尊崇帝尧就为这个原故。因为孔子本身是这么崇古，所以崇拜孔子的人总是崇拜皇古，而是崇拜皇古的人也必崇拜孔子。我们试看孟子，他的民贵君轻固然是从老子的"圣人无常心，以百姓心为心"推衍而来（廉江江瑔《读子卮言》云：孟子唾骂杨墨而无一言及老子者，盖老子乃其师也），然因为他崇拜尧舜的文化，所以他一则曰："乃所原则学孔子也。"再则曰："自有生民以来，未有孔子也。"三则曰："自生民以来，未有夫子也。"四则曰："自生民以来，未有盛于孔子也。"其实，我们也许要说因为了他这么崇拜孔子，所以特别主张复古。比方他说：

> 规矩，方员之至也。圣人，人伦之至也。欲为君，尽君道；欲为臣，尽臣道；二者皆法尧舜而已矣。不以舜之所以事尧事君，不敬其君者；不以尧之所以治民治民，贼其民者也。

第四章 复古办法的观察

其最明显的是：

> 由尧舜至于汤，五百有余岁；若禹若皋陶，则见而知之；若汤，则闻而知之。由汤至于文王，五百有余岁；若伊尹、莱朱，则见而知之；若文王，则闻而知之。由文王至于孔子，五百有余岁；若太公望、散宜生，则见而知之；若孔子，则闻而知之。由孔子而来至于今，百有余岁；去圣人之世，若此其未远也；近圣人之居，若此其甚也。然而无有乎尔，则亦无有乎尔！

又说：

> 尧舜，性之也。汤武，身之也。五霸，假之也。久假而不归，恶知其非有也。
> 尧舜，性者也。汤武，反之也。
> 尽其心者，知其性也；知其性，则知天矣。

孟子因为以知性则知天，所以性就是天。尧舜是性者也，所以舜尧就是天。这与孔子所谓"唯天为大，唯尧则之"，不但只有相同，且进一步把尧舜来作天看待，其尊崇尧舜可以想见。舜尧以后，若禹若皋陶，则只见得舜尧的黄金世界而知之；他们却不能因见而行之。再沿到汤则只能闻而知之；所以说：舜尧，性之也，汤武，身之也。从此以后，五霸则愈趋愈下，至于孔子也不过闻而知之。闻而知之，虽不能行，也不失其为圣；但是孔子以后，能够"闻而知之"也不可多得，可为慨叹，孰过于此？

总而言之，孔孟的意想是：历史事实上的变更，是退步的，而不是进步的。她从尧舜的黄金时代，而退至汤武的升平时代；更由汤武的升平时代，而退至五霸的混乱时代。这种的日趋日下的境况，不只是在政治方面，而是包括了道德以及社会一切的制度和动作。其实，是文化的全部。因为皇古是胜于过去，而过去又胜于近代，所以补救之方，就是能够效法愈古则愈好，这可以说是孔孟复古的根本理论。

但是劝人去复返皇古，就是劝人不要反古。同时自己既自命自己为独一无二的闻知皇古的人，就是告诉人们不要反对我自己所说的古道。这样推衍而来，结果是否认一切与己不同的言论和动作，所以排除异己的成见最深，而容纳他人的意见，成为论理上所不许。其原因是因为把过去的法则来做目标，总是绝对的，因为这种法则是决没有可变为较好的法则。是要她变，只有变坏。愈变坏，则愈要复古。回头是岸，就是他们的劝告。一个不晓游水的人，若是走下大海去，则愈下愈深，愈深则愈危险。说来说去，总是要速点转头向岸走，才有生机。本来岸上也许是很危险的，而且在岸上也许有性命之虞，不过这种已成陈迹的岸，还有谁能够去证明在岸上是不好呢？只是有"我"知道，这是孔子和孟子的回答。跟着"我"罢！这是孔子和孟子的劝告。要是不跟着"我"呢，则攻乎异端，斯害也已。

这个信条，一经宣布，则无论是谁，都要信仰"我"的道。不信我，就是攻乎异端："攻乎异端，斯害也已。"结果是孔家一切的伙伴，都不能相信孔子以外的道。要是她又得了政治或他种实力去保护，那么反道成为自身不能保的事情。万一因不能自持而为异道所惑，则不是含默不言，必极力辩护，藉以遮掩天下。孟子，像吾们上面所说之于老子，已有这种趋势；而其最显明的例，还是像宋代的陆象山。

陆象山开口就自命为儒家。比方：他和侄孙濬书中说："吾儒之道，乃天下之常道，岂是别有妙道。"然平心来说，陆氏自己的学说，受过佛老的影响，处处流露。然他在致曹立之的书里却说："佛老遍天下，其说皆足以动人，士大夫鲜有不溺焉。"又说："……武帝之事四夷，非之何必曰与胡和亲为哉？此等皆黄老言之误也。"但是在王顺之书里又说："大抵学术有说有实，儒者有儒者之说，老氏有老氏之说，释氏有释氏之说，天下之学术多矣，而大门则此三家也。"又与曹立之书云："杨朱、墨翟、老、庄、申、韩虽不正，其说自分明。"所谓各家有各家之说，以及其说自分明，就是承认佛老之价值。他又说："我无事只好似一个全无知无能的人，及事到方出来，又却似个无所不知无所不能。"这正是老子"为无为而无不为"的意旨。又如："道非争竞者可知，惟静退者可入。"这又是佛老的清净之旨。佛老的重要意旨是清净无为，陆氏已身体而力行，那么佛老的魂已上了他身，他还是要扬言斥佛老！

从这种的门户偏见，再推衍去，就是乘在汽车上去提倡东方的精神文化，建起洋楼式的孔教会，穿着百数十元的洋布衣服，戴起罗斯福式的洋眼镜……而去讲说"贤哉，回也；一箪食，一瓢饮，在陋巷，人不堪其忧，回也不改其乐"的遗教。

所谓排斥异己，就是排外。排外应用在某一种学派上，是排斥于这学派以外的学派。若应用到一个国家或民族上，就成为排斥这国家或民族以外的一切国家及民族。排外不但是由排斥异己的学说，推衍而来，而且是孔家一种信条。孔子说：

> 夷狄之有君，不如诸夏之亡也。

除了皇朝的中国以外，一切的民族国家不是南蛮北狄，必是东夷西戎。他们是没有开化的，他们是没有君君、臣臣、父父、子子的礼教，他们也配不上来说这种的关系。万一他们也有了君，有了臣，还不若我们皇朝大国之没有，因为惟有大国皇朝像我们这样，才能够有这名能副实的东西！

这样的排外趋赴极端，则一切的外来的东西，都是不好，不值得仿效。而且为皇朝的面子起见，是不应当仿效的。我们试看《战国策·赵二》里所载群臣之劝赵武灵王勿采胡服的言论，便能知道。武灵王本来是一个很有振作的人，采用胡服本来不算做什么重要的事，而群臣中竟把来做一件不得了的事来，大加反对，他们的理由是：

> 奇服者志淫，俗辟者乱民。是以莅国者不袭奇辟之服，中国不近蛮夷之行，非所以教民而成礼也。

又如：

> 当世辅俗，古之道也；衣服有常，礼之制也；修法无愆，民之职也，三者先圣之所以教。今君释此而袭远方之服，变古之教，易古之道，逆人之心，畔学者，离中国。

这一类的言论，是在中国的历史上司空见惯的，而犹是东西文化接触以后，排外来的文化的偏见，特别利害。比方：康熙的时代，杨光先上书反对依西洋的新历，而恢复旧法，到了他自己做钦天监正，却又不明推算之理数。结果是不免于舛误而入狱，到了遇赦以后，他还是不自悔，而著《不得已》

书。今略摘一段，以示其排斥外来的东西之大概：

是以西洋邪教，为中国之人而欲招徕之，援引之，自贻伊戚。无论其交食不准之甚，即准矣，而大清国卧榻之旁，岂容若辈鼾睡乎？盖从古至今，有不奉彼国差来朝贡，而可越吾疆界者否？有入贡陪臣不回本国，而呼朋引类煽惑吾人民者否？江统《徙戎论》盖蚤烛于几先，以为羽毛既丰，不至破坏人之天下不已。兹著书显言东西万国及我伏羲与中国之初人，尽是邪教子孙，其辱我天下之人，至不可言喻，而人直受之而不辞。异日者，设有蠢动，还是子弟拒父兄乎？还是子弟卫父兄乎？卫之义既不可，拒之力又不能，请问天下人何居焉？光先之愚见，宁可使中国无好历法，不可使中国有西洋人。无好历法，不过如汉家不知合朔之法，日食多在晦日，而犹享四百年之国祚；有西洋人，吾俱其挥金以收拾我天下之人心，如抱火于积薪，而祸至之无日也。……世或以其制器之精奇而喜之，或以其不婚不宦而重之。不知其仪器精者，兵械亦精，适足为我隐患也；不婚不宦者，其志不在小，乃在诱吾民而去之。如图日本、取吕宋之已事可鉴也。《诗》曰："相从雨雪，先集微霰。"又《传》曰：注"鹰化为鸠，君子犹恶其眼。"今者海氛未靖，讥察当严，揖盗开门，后患宜惩。宁使今日詈予为妒口，毋使异日

第四章 复古办法的观察

神予为前知，是则中国之厚幸也。

光先还知到西洋的历法、仪器、兵械之精于中国，而足以为中国之隐忧。然因为传统的排外思想太深，弄到他忘记了我们若不虚心去学人的好处，就使我们不准西洋人在国内居住，西洋人随时都可到中国，侵夺我们土地。此外又像艾孺略(Julins Aleni)所著的《职方外记》及南怀仁(Veliriert)的《坤舆图说》，本来是地理学上很大的贡献，而可以帮助于中国智识眼界；然所谓当代硕学的纪昀在《四库全书提要》意把他当做古代小说看，而其原因，胡礼垣说得颇详，略录于下：

> 纪公曾于内庭管理《四库全书》，阮公曾建设学海堂于广东各省。南北学士，莫不资法于二公。二公博览群书，不愧一代之文宗。今者艾孺略、南怀仁等重涉重洋，来诣吾邦，二公表面勉为敬崇，而不用其说。其意以为我中华《一统志》，卷帙五百，至详且尽，安用此浅近之《地球说略》《舆地图说》等为？又以为尧舜之时，已创历法，垂四千年而不变，彼琐琐之说，恶足以易之？（《康说书后》，看《胡翼南文集》卷十三）

然其最妙的，还是天下闻名的王壬秋的《陈夷务疏》反对设立同文馆。今摘录于下：

> 言御夷者，皆谓识其文字，通其言语，得其情伪，知其山川，阨塞、君臣治乱之迹，及其国内虚实之由；其最善者，取其军食以济我师，得其器械以为我利。今设同文，意亦在此。而臣独以为无益。……火轮船者，至拙之船也；洋炮者，至蠢之器也；船以轻捷为能，械以巧便为利。今夷船煤火未发，则莫能使行；炮须人运，而重不可举。若敢决之士，血刃临之，骤失所恃，束手待死而已。（《湘绮楼全集》卷二）

义和团可以说是这种思想的结晶品。他们的肚子能够抵抗枪炮的自信，不外是以这种思想来做他们的护身符。无奈肚子终是为枪炮所征服。义和团的自信，应该给中国人一个最好的教训，但是抱着皇古像抱着佛脚的中国人，委实是不易教训的。他们之信仰孔子，正如孔子之信仰皇古。复古是孔子的精神所在，也许是性命所托，信孔也是他们的精神和性命所在。因此我们见得满清推倒以后，复古的运动，还是继续不断的发生。复古的运动，总是与尊孔的运动相连带而来；所以尊孔就为复古，而复古也就是尊孔。民国以来的向后转的口号和言论，是随处可听见的，而特别是欧战以后。我们为篇幅所限，现在再举出一二个例来看看罢：

第四章 复古办法的观察

  西洋之教人为善，不畏之以上帝，则畏之以法律；离此二者，虽兄弟比邻，不能安处也。逮夫僧侣日多，食之者众，民不堪其重负，遂因三十年之战倾覆僧侣之势力，而以法律代上帝之权威。于是继僧侣而兴者，则为军警焉。军警之坐食累民，其害且过于僧侣，结果又以酿成今日之战。经此大战之后，欧人必谋所以弃此军警亦如昔之屏弃僧侣者焉。顾屏弃军警之后，其所赖以维持人间之平和秩序者，将复迎前曾屏弃之僧侣乎？抑将更他求乎？为欧人计，惟有欢迎吾中国人之精神，惟有欢迎孔子之道。

  我们特地的抄出这段话，因为她是学贯中西的辜鸿铭先生在他的大著德文本（也有英文本）《中国国民之精神及成争之血路》里的言论。我留德时，在柏林及来比锡的旧书店里，还能容易找得，而对于东方文化的研究，兴趣较浓的比较年岁较深的学者，还能道及辜先生的著作，并且听说因为受了欧战激刺过深，而发生点神经变态的人，在好几年前，也给了辜先生以相当的同情。不过他们说：欧战不过是欧洲历史上一种变态，现在已逐渐返复常态了，所以变态心理的相信辜先生的人，也许是没有了！

  其实辜先生以为西洋的文化，不外是宗教法律的代替，是我们不敢赞同的。难道西洋人没有道德吗？三十年的战争，既不是中世纪的僧侣倾覆的主因，而一九一四年到一九一八年的大战，也不见得能够打倒辜先生所谓继续僧侣而起的军警。

辜先生的音乐本来是为西洋人而奏的。西洋人之听辜先生的音乐的人，固然不多；中国人之能知道辜先生的音乐的人，更是寥寥无几。十余年来，中国人所谓有系统的东西文化的研究而发行为专书的，恐怕还是一位梁漱溟先生。梁先生对于这个问题的研究，据他自己说，是在民国六七年间。经过了三四年后，他遂将其研究所得，在民国九十年间在北京大学即山东济南教育会会场讲演，由这些讲演而编成他的《东西文化及其哲学》。梁先生把世界的文化分为三种：一为中国的文化，二为印度的文化，三为欧洲的文化。这三种文化的差异据梁先生说是：

（1）西方文化是以意欲向前要求为其根本精神的。
（2）中国文化是以意欲自为调和持中为其根本精神的。
（3）印度文化是以意欲反身向后要求为其根本精神的。

世界文化只有这三种，也许文化本身只有这三种。这是梁先生告诉我们的。并且不只是世界的文化只有这三种，而且文化的发展的时期，也是必经过这三种文化。照梁先生的

第四章 复古办法的观察

意见，人类文化之初，都不能不走第一条路——西洋文化的路。——这是文化发展的第一时期。第二的时期是中国文化的路，而特别是指明孔子之道。第三的时期，是印度文化的时期，而特别是佛教化的文化。梁先生以为这三个时期是人类文化发展所必经的途径，文化的趋势也是这样朝向的。

人类文化的发展的趋向途径，固然是这样的，但是现在中国人对于文化上所应持的态度，据梁先生说，是有下面数条的途径：

第一、排斥印度的态度，丝毫不能容留。
第二、对于西方文化是全盘承受，而根本改过，就是对其态度要改一改。
第三、批评的把中国原来态度重新拿出来！

梁先生说："这三条，是我这些年来研究这个问题之最后结论，几经审慎，而后决定，并非偶然的感想。"梁先生固然是这样说，然阅者看了上面的文化发展的途径由西洋而中国，由中国而印度，阅者总会问道：为什么梁先生又极端反对印度的路径呢？梁先生的回答是：文化发展的程序，固然这样，然而要达到印度文化的地位，必先走完了中国文化的态度中所应走的途径。梁先生说：

本来印度人那种生活，差不多是一种贵族的生活，非可遍及于平民，只能让社会上少数居优越地位、生计有安顿的人，把他心思才力用在这个上边。唯有在以后的世界，大家的生计，都有安顿，才得容人人来作，于自己于社会，均没妨碍。这也是印度文化在人类以前文化中，为不自然，而要在某种文化步段以后，才顺理之证。

简单来说：印度化的程度太高了！现在第二条路还走不到，还讲什么第三条路。所以把印度化来解决我们现在的困难，是不合时宜的。不合时宜，所以要丝毫不容留的去排斥它。

梁先生承认这三种——西洋、中国、印度——文化的最初发生，都是顺装的——就是跟着第一条路。不过这三个地方的文化，在他们慢慢的走的历程中，都走了错路，或是走了曲路。西洋和印度二者都折入第三条路——印度化或是宗教化的路。——而中国却跑曲入第二条路——中国化的路。梁先生说：他们总走错路，或曲路，因为他们不待走完了第一条所应走的路，所以不但是西洋的中世纪和印度跳得太远；就是中国也因第一条路尚未走完，而躐等的进入第二条路。这样的不循文化发展上所应当经过的途径而躐等跳级的文化，梁先生叫做"文化早熟"。早熟是一件不好的东西，所以无论是在中世纪的欧洲也好，在中国在印度也好，他们总是早熟，他们总是走了歧途，走入暗路。

第四章 复古办法的观察

不过在欧洲，到了文艺复兴的时代，乃始拣择批评的重新走第一条路，把希腊人的态度又拿出来。他这次当真走这条路，便逼直的走下去不放手，于是人类文化所应有的成功，如征服自然、科学、德莫克立西，都由此成就出来。即所谓近世的西洋文化。西洋文化的胜利，只在其适应人类目前的问题，而中国文化，印度文化，在今日的失败，也非其本身有什么好坏可言，不过就在不合时宜罢。

梁先生以为西洋人现在已走了正路，而且就走完了第一条路。走完了第一条路，便转入第二条路——中国化的路——再转而入第三条路。这样的一路走，"就无中国或印度文明输去给西洋人，西洋人自己也能开辟他们出来"。"若中国则绝不能，因为他态度殆无由生变动，别样文化即无由发生也，从此简直没有办法，不痛不痒真是一个无可指名的大病。"所以唯一的办法，照梁先生的意见，是对于西方文化是全盘承受。设使梁先生说到这里而停止，我们也许赞成，不过梁先生的全盘接受，是带着二个条件：一是根本的改过西方文化，就是对其态度要改一改。二是批评的把中国原来态度重新拿出来。完全采纳西洋文化的带着这二个条件的原因，据梁先生说：

> 西洋人也从他的文化而受莫大之痛苦。若远若近将有影响于世界的大变革，而开辟了第二路文化。从前我

们有亡国灭种的忧虑，此刻似乎情势不是那样，而旧时富强的思想，也可不作。那么如何要鉴于西洋弊害而知所戒，并预备促进世界第二路文化之实现。

所谓西洋文化受莫大之痛苦，根本上的改过，梁先生没有充分的解释。但是所谓把中国原来态度重新拿出来，梁先生却特别是指着孔子的道。梁先生在自序里说：

> 我又看着西洋人，可怜他们当此物质的疲敝，要想得精神的恢复，而他们所谓精神，又不过是希伯来那点东西，左冲右突，不出此圈，真是所谓未闻大道。我不应当导他们于孔子这条路来吗？……然而西洋人无从寻得孔子是不必论的，乃至今天的中国，西学有人提倡，佛学有人提倡，只有谈至孔子，羞涩不能出口，也是一样无从为人晓得孔子之真，若非我出头倡导，可有那个出头？这是迫得我自己来作孔家生活的缘故。

这是梁先生的复返孔子的生活的自白。然而梁先生又告诉我们道：

> 我们可以把孔子的路，放得极宽泛，极通常，简直去容纳不合孔子之点都不要紧。

第四章 复古办法的观察

我们为了明白梁先生的思想大概起见，所以上面除了将梁先生自己的主张指出外，并没有加以批评。其实梁先生的意旨是很不容易找出的，怪不得张君劢先生说，他对于梁先生的学说，"苦索难明"。为了篇幅关系起见，我们不能详细的将梁先生的学说来批评，我们现在只能提出下面数点来，指明梁先生的思想不清楚，及其错误。

梁先生以为西洋、中国、印度的文化的差异，是由于一者是以意欲向前，一者持中，一者向后，是完全错解了意欲的真谛。意欲是无论何时何处，都是向前直赴的。它并没有持中，也没有向后。意欲是像炉中的火，有了一点火，则热度总是向上升；只有没有火的时候，才没有热。同样，意欲之所以成为意欲，就是因为它是向前的，活动的；惟有完全没有了意欲，才没有向前的动作。同样，一切的文化所走的途径，都是向前的，决没有向后的。前人创造了一点东西，后人于学了前人所做的东西以外，又添了多少上去。这样的累进不已，后人不但像复古一般人所说，不如古人，其实是常常胜过古人，而且应当胜过古人。在某种文化圈围之内，其文化重心也许偏于某一方面，结果他方面的演进，也许比较的不及这方面，也许其演进比较缓点，然他们决不会不过去。所以一切文化的差异，只有程度或量上的简单和复杂的差别，却没有质上的差异。

梁先生以为文化的发展时期，是由西洋化而中国化，由中国化而印度化。又以为文化的种类，只有这三种。梁先生既预知将来到这么准确，我们要问于印度化之后，又有什么化？还有没有第四的时期？抑或文化是循环的？梁先生最含混的地方是，他的"文化早熟学说"。他承认印度，也许包括中国化是未来的文化，然他又没有法子去说明为什么印度化的文化，及中国化的文化，能够在几千年前已经发生，于是不得不说他们是早熟。因为早熟，所以不合乎现世的需要。为中国文化的目前计，不得不采纳西洋文化。然在西洋文化还未完全采纳之时，就是第一条路还未走完之前，又要采纳中国固有的文化，这岂不是错上加错吗？梁先生也许说：我们可以放宽孔子的路，去容纳不合孔子之点。但这样的返复孔子的文化，并非孔学的真面目，而是一种中西调和的办法。这就是说：我们要保留孔子，同时我们又要全盘接西化。然而梁先生已告诉我们：西化是第一条路，第一个时期，孔化是第二条路，是第二的时期，"道不同不相为谋"，难道提倡孔子化的梁先生没有听过吗？其实，像吾们上边所举出孔子排外的态度，是决不能容纳外来的东西，何况要和孔子之点不合的东西呢？总之在文化发展的路程中，梁先生既承认我们是因为走入孔子之路，而有今日之错，梁先生于我们于未学完西化以前，又要我们复古，自相矛盾，熟甚于此！

照梁先生的文化发展的三时期——由西洋化而中国化，

第四章 复古办法的观察

由中国化而印度化——是一切文化发展所必经的时期。所以西洋人现在已走完了第一时期，则假使没有中国文化之输去西洋，西洋人也会自己进到第二时期，再转到第三时期。这样看起来，西洋人之学中国化或是采纳孔教化是非必要的。反之中国人之全盘西化是必要的，因为中国的文化，若"没有外力进门，环境不变，他会长此终古"，而没有法子去进到第三条路，或是复返第一条路（西化的路）。其实事实上，中国千余年来，并非没有趋赴第三条路（印度化的路）。梁先生也说过，现在还有不少人去提倡佛教，所以梁先生所谓中国折入第二条路，而没有法子走上第三条路，是事实上所否认。同样，梁先生已说过最初的人类文化，都是循着第一条路，西洋、印度、中国均如此。西洋人在中世纪折入第三条路，而和印度一样；惟有中国人折入了第二条路。然西洋人既能因文艺复兴而拣择批评的重新复返第一条路，而逐渐的走完了第一条路；为什么中国又不能从第二条路而复回第一条路呢？就使梁先生以为中国人因为折入第二条路，不上不下；她既离第一条路所已经走了多少的地位不远，结果是停顿不变，然为什么同西洋一样的折入第三条路的印度，也不像西洋的能够有所变动，而再复返第一条路呢？其实，梁先生所谓文化早熟而折入第三及第二条路，以及西洋经过了千余年后，又复回第一条路的弯弯曲曲的转折，正是引导吾们入于非非的地位。

我们上面曾说过：梁先生愿意放宽孔子的路来容纳西洋文化，同时梁先生又见得可怜的西洋人，当此物质疲敝，要想得精神的恢复，应当走上孔子的道。这种的论调，本来是东西文化融合的折衷论调。然这种折衷办法，根本上像我们前章所论，是不能行的。梁先生自己也不承认折衷办法之可能（看原书二九二—二九三页）。梁先生且郑重声明："世界未来文化，就是中国文化的复兴。"这就是说继续着走完第一条路的西洋文化，就是孔子的文化。梁先生老实是根本上打破了他所划定的文化发展的时期的秩序；根本上把未来的时间的需要，和目前的需要，分开不清楚；把西洋人的需要和中国人的需要的不同处，分不出来。

上面不过将梁先生自己的话，去驳他自己的话。其实梁先生的文化发展的三个时期，根本上是否妥当，还是疑问。西洋文化里的物质的进步，是否有止境，是否能有止境，也是疑问。梁先生的自序里说：他自己从二十岁后，折入佛家一路——就是梁先生心目中最高的路。——到了民国九年，殆改变上孔家路——就是梁先生心目中目前中国人所需要的生活。梁先生自己说没有出过国门一步，我们以为设使梁先生而到了外国住过几年，恐怕梁先生也许放弃了孔子的生活，而做西洋人的生活，而跑上西洋的路。

预知是很难的。时间上的西洋化的末路和孔子化的复兴固不易预告，就使而能预告，梁先生劝中国人去做孔子的生活是与全盘采纳西洋文化不能同时并行的；而况根本上孔教化，像我们上面所说，是不能和西化相容的。

　　梁先生把文化来分做三方面：一为物质的文化，二为社会的文化，三为宗教的文化。这三方面正暗合他所谓世界三种文化——西洋文化（现代的）、中国文化及印度文化（包括欧洲中世纪的文化）。——他的意见是：物质文化应当最先发生，而且要发展至一定的程度，然后再进而解决社会文化。到了社会文化弄成熟后，再进而做宗教的生活，及宗教的文化。他的文化发展三个时期，也是根据于此。正如东方的圣人说：仓廪足而知礼义，梁先生再加一句说：知礼义而后知鬼神。然而他却忘记了所谓文化本身上，是包括这三方面以及一切的言语种种。在每一种文化，都可寻出这各方面，而各方都有密切连带的关系。每一方面的波动，都要影响到他方面。比方：我们若要保存孔子的文化，则不能不保存他的家庭制度、君主专制，以及一切与这种有关系的制度。我们若以为民治是好过君主专制而采纳，则对于孔子的尊君不得不加以反对。因为西洋化是向前直往的，而孔子却要我们去做皇古的生活。这种向后转的口号和劝告，不但是不能容于向前演进不已的西洋文化之下，就是证之中国本身的文化的发展，我们也觉得她是不对的。《礼·礼运》岂不是告诉我们吗？

> 昔者先王未有宫室，冬则居营窟，夏则居橧巢；未有火化，食草木之实，鸟兽之肉，饮其血，茹其毛；未有麻丝，衣其羽皮。后圣有作，然后修火之利。

《易·系辞》里又岂不是记载过吗？

> 上古结绳而治，后世圣人易之以书契，百官以治，万民以察。

这些的记载，都是证明文化是向前演进的，都是证明后人因前人之创造而改变之、增加之，遂使文化累进无已。孔子却要我们去返复皇古，这岂不是要我们做原始人的生活吗？

中国文化的发展是向前的，这不但是在孔家学说未发达以前是这样，就是在孔家至尊一统以后，也是这样。不过因为孔家的生活是返复皇古的生活，而且因为它和了政治的势力互相携手，结果是中国受了孔家化的支配。孔家既要他们去做皇古的生活，他们处于孔家淫威之下，相信中国以外的东西，既是为孔家所不许，就是相信在本国内的别种学说，也为孔家所禁忌，结果是中国文化的发展，不能逃出孔子所划的圈子。外人以为吾人之文化，自始至终，总若停而不进，就因此故。其实我们若详细去研究，则唐宋的文化，若谓比

第四章 复古办法的观察

之秦汉而不及,这是无论何人,都不承认的。所以孔教在中国固然能借政治之势力,使中国的文化就其所指止之范围,然复古的生活,终不外是与孔子的梦见周公一样。质言之,孔教在中国的成功是在其消极方面,而非其积极方面。然而消极方面的阻止新的文化的创造,及外来文化的输入,已使我人今日陷于这么危险的地位,假使吾人而真去实行其积极方面的皇古生活,那么吾人恐怕老早已处于沦亡的地位。

总而言之,折衷的办法既是办不到,复古的途径也走不通。他们的最大缺点是:前者昧于文化的一致与和谐的真义,而后者昧于文化发展变换的道理。前者以为文化的全部,好像一间旧屋子,我们可以毁拆他,看看那几块石或是木料可以留用;他们忘记了文化的各方面的分析,不外是我们自己的假定,而文化本身上,并没有这回事。后者以为环境时代是不变的,所以圣人立法,可以施诸万世而用于四海;他们却忘记了圣人之所以为圣人,都不过是这种时代和环境的出产品!

第五章 全盘西化的理由

一

我们在第三章里,已说明折衷派的缺点,在第四章里又指出复古派的缺点;折衷派和复古派既不能导我们以可通的途径,我们的唯一办法,是全盘接受西化。全盘西化的理由很多,我们这里只能举其大概罢。

我们先从全盘西化的态度的趋向方面说起。

大约在鸦片战争以前,恐怕没有人想到西化的必要,李之藻、杨廷筠、徐光启一般名士,对于利玛窦的天算,固愿意效法,然与其想说导中国于西化,不如说是专为学问上的好奇心,所以差不多整个中国还是醉生梦死于复古排外。自鸦片战败以后,中国屡受外人之压迫,中国人逐渐知道排外是势所不能,因为西方文化的东渐,决非顽固不准外人来中国所能阻止。这种的觉悟我们于薛福成记胡林翼一段故事中可以见之。

有合肥人刘姓，尝在胡文忠公为戈什哈，尝言楚军之围安庆也，文忠曾亲往视师，策马登龙山，瞻眄形势，喜曰：此处俯视安庆，如在釜底，贼虽强，不足平也。既复趋至江滨，忽见二洋船鼓轮西上，迅如奔马，疾如飘风，文忠变色不语，勒马回营，中途呕血，几至堕马。文忠前已得疾，自是益笃，不数月薨。盖粤贼之必灭，文忠已有成算；及见洋人之势方炽，则膏肓之症，着手为难，虽欲不忧，而不可得矣。阎丹初尚书向在文忠幕府，每与文忠论及洋务，文忠辄摇手闭目，神色不怡者久之，曰：此非吾辈所能知也。

胡林翼死后，当时大臣名士最负盛誉的要算曾国藩。国藩不但觉悟到西洋文化势力大，而且觉到中国非效法西洋不可。然他所谓西化，不外是西洋的机器。容纯甫先生在其《西学东渐记》（原本英文本，乃容先生自传中译此名）有一段话，足以证明曾氏所欲采用之西洋文化，录之于后：

数日后，总督果遣人召予。此次谈论中，总督询余曰：若以为今日欲为中国谋最有益、最重要之事业，当从何处着手？总督此问，范围至广，颇耐吾人寻味，设余非于数夕前与友谈论知有建立机器厂之议者，予此时必以教育计画为答，而命之为最有益、最重要之事矣。今既明知总督有建立机器厂之意……于是余乃将教育计画暂束之高阁，而以机器厂为前提。

曾文正除了设立机器厂，还设立兵工学校。而对于留学生的遣派，均所赞成。他的儿子纪泽，也学习外国语言文字。然留学生之遣派，及兵工学校的设立，均不外为采用机器文化的预备。国藩死后，继国藩而在当时负重望的要算李鸿章。李氏对于各种洋务提倡较多，自他所谓洋务也不外是求所以强兵之术。他在答郭嵩焘书里说："……鄙人职在主兵，亦不得不考求兵法。……兵乃立国之要端。"然欲强兵，则兵器不能不讲求，所以留学生之派送，亦不外求此。

比较李鸿章的见解稍进一步者是郭嵩焘。郭氏出使伦敦，见闻较广。他在寄李鸿章书里说："兵者末也。各种创制，皆立国之本也。中堂方主兵，故专意考求兵法。愚见所及，各省营制万无可整顿之理，募勇又非能常也。……嵩焘欲令李丹崖携带出洋之官学生，改习相度煤铁炼冶诸法，及兴修铁路与电学，以求实用。"嵩焘的见解虽高于鸿章，然也注重于机器的西化。

到了张之洞主张中学为体、西学为用，其所包含的西学范围，比李、郭等所主张似为较广。然张氏仍以中学为本，西学为末。张氏的《劝学篇》出版以后，当时人士多以为至言。然对于张氏做严刻之批评的，要算三水胡礼垣先生。胡氏著《新政真诠》内有《劝学篇书后》，专为批评张氏的书而做。他说：

> 自同心至去毒，所谓内篇者，细思其自治之法，竟无一是处。由此以观其外，则外篇虽有趋时之言，与泰西之法貌极相似者，苟仿而行，亦如无源之水，可立而待其涸；无根之木，可坐而见其枯。（《新政真诠》五编卷十七第十九页）

他又说：

> 综观劝学外篇各论，其合于西法者不无一二，然皮之不存，毛将焉傅？以内篇诸说，蔽塞其中故也。是故由其内篇诸说而观，则中国振兴之机无由而冀。虽然论必有其源说，必由其本，其所以颠倒错乱，或不自知其非者，则以民权之理，绝未明也。

观了上面二段话，我们知道翼南已不像南皮之以中学为本，西学为末，而做再进一步的接受西化。他尝说道："中国之学西法，错在不学其心，而但学其法。"这种一刀断根的见解,则半世以后能言之的,还是寥寥无几!但是胡氏之重心,却在于政治上的民权的介绍,而他所说的民权又不外是君主立宪(按胡氏以总统制为民主制,而以民权为君主立宪)。

胡氏的《劝学篇书后》著于光绪晚年。从光绪晚年到满清倾覆,国人的言论的焦点,全注于君主立宪及民主立宪。主张革命者属于后,反对革命者属于前。后者固以满清若能翻倒,则一切问题可立解决;前者也以为君主立宪若能实行,中国也能兴盛。但是事实上,清廷晚年,既宣布立宪,以遂前者之欲望,而革命成功,也实现后者之理想;然中国终不能反弱为强者,由于国人不明白政治不外文化各方面之一方面,而且所谓民权论者(指广义而言),因为欲迁就中国人之守旧顽固心理而求速效,于是穿凿附会,以为民权之说,本我国数千年前的固有制度。胡翼南之以君主立宪比之夏禹,民主比之尧舜,因此而赞赏尧舜之孔孟也把做提倡民权之哲人。结果是复古派有所藉口,而洪宪复辟层出不穷,而一般所谓苦心冥索,以求中国的政治的西化,也不可得;而所谓从政治上的改革,推及于他方面的计画,也成画饼。

对于这点的错误,加以根本上纠正的要算民国四年后的《新青年》的著作者。他们对于孔家思想极力反对。试看《孔子平议》《宪法与孔教》《孔子之道与现代生活》《吾人最后之觉悟》等篇,便能知道。他们以为民主主义,是和孔家思想不能并立的。陈仲甫先生说：

> 要拥护那德先生，便不得不反对孔教、贞节、旧伦理、旧政治；要拥护那赛先生，便不得不反对旧艺术、旧宗教；要拥护德先生又要拥护赛先生，便不得不反对国粹和旧文学。（《新青年》六卷一号第十页《本志罪案之答辩书》）

德先生就是民主主义，赛先生就是科学。我们看了这段话便能了然他们不但只要积极的提倡民主主义，还要提倡科学。同时又要消极的去打倒孔家店。这样的态度连了提倡孔子化的梁漱溟先生也禁不止的赞道：

> 从前人虽然想采用西方化，而对于自己根本的文化，没有下澈底的攻击。陈先生他们几位的见解，实在见得很到，我们可以说是对的。

陈先生所反对的中国文化，是包括旧伦理、旧政治、旧艺术、旧宗教、旧文学。质言之，差不多是包括中国文化的全部分。陈先生所欲推倒的旧文化的范围固很广，然在西洋文化的采用上，却特别注重于德先生和赛先生。要拥护德先生和赛先生，固然不能不反对差不多包含全部的中国旧文化；

第五章 全盘西化的理由

然所谓西洋的德先生和赛先生,是不是也包括了西洋全部的文化呢?

在我们上面所引的《本志罪案之答辩书》一文陈先生说:

> 大家平心细思,本志除了拥护德赛二先生之外,还有别项罪案没有呢?若是没有,请你们不用专门非难本志。要有气力,要有胆量来反对德赛两先生,才算是好汉,才算是根本办法。

若是照这段话的语气意想来看,陈先生所要的西化不外是民主主义和科学;除此以外,别没所要,则陈先生所要的西化,恐怕非全部的西化。自然的,陈先生也许以为这两位先生是西洋文化的最重要最根本的,但是积极的主张接受全盘西化的工夫,陈先生还做不到。陈先生的在中国思想上能别开一个纪元,却在他根本的否认中国一切的孔教化,并非主张全盘西化。

陈先生后来的思想的变化,我们可以不必把来讨论。但在同《本志罪案之答辩书》发表那年,我们找得像下面一段宣言:

> 我们相信世界上的军国主义和金力主义,已经造了无穷的罪恶,现在是应该抛弃的了!

这种思想本来是欧战方完了一种流行思想。欧洲人因为感觉到战争的惨状，而生出一种的反响。然这种反响，我已说过，是一种的心理的变态。欧洲人现在早已忘记了！无奈我们中国人也会上了欧洲人的当。我并非是主张军国主义和金力主义而出此言，我不外是就事言事。原来所谓近代军国主义和金力主义，都是和赛先生有了密切的关系。他们不外是西洋文化的各方面之二方面罢。要是赛先生为欧西近代一切文化的主脑，那么军先生和金先生是他所制造出来的，至少是他所赞助的。除先生在他的《吾人最后的觉悟》一文里，岂不是要抛弃我们数千年来的萎靡不振的旧国家，而建设一个新国家吗？这种新国家是不是要和世界各国处于同等的地位呢？要是的，那么我们照旧的萎靡不振，可以不可以生存呢？就使我们而觉到军国主义、金力主义是不好的东西，然因为了世界各国的军国主义和金力主义的猖獗，我们愈要有军国和金力主义去防备他，去抵抗他。设使我们以为军国主义和金力主义产生出不少罪恶来，所以要反对，那么赛先生和德先生也造出不少罪恶来，那么吾们也不要德赛两先生了。结果我们只好再提倡提倡孔子之道罢。其实要是我们觉得中国的文化是不适时需，西洋文化是合用了，孔子之道是不好了，赛先生是好了，那么要享受赛先生的利益，应当要受受赛先生发脾气时所给我们的亏。比方：要是我们觉得单轮手车是太不合用，无人道，而要坐火车，那么吾们应当预备火车也许跑得太速而出轨，以致生命的危险，要是吾们绝对要火车公司去担保的确没有半点危险，而像坐单轮车一样的两脚时时可以到地，火车公司一定劝我们道：你只好坐单轮车罢，不要来乘火车。

欧战后所给中国人一种反响，实在是利害得很。所谓精神救国，所谓西洋文化的崩坏，所谓东方文化的复兴，形形色色，举不胜举，而比较头脑清楚的文士名流，也只会说什么东方的精神文化和西方的物质文化相调和。这种论调显然是开倒车，显然是比不上民国七八年间的《新青年》。

对于这种开倒车而施以攻击的，也有其人；而尤以胡适之先生及林语堂先生们为透切。我们为篇幅起见，专把胡先生的意见来讨论。胡先生的重要著作要算他的《我们对于西洋近代文明的态度》一文。这篇文章的影响如何，我们未得而知，但是广告方面的力量很大。后来他在《胡适文选》里介绍《我自己的思想》一文，更作简短而很有力量的表示。他说：

> 我很不客气的指摘我们的东方文明，很热烈的颂扬西洋的近代文明。
>
> 人们常说：东方文明是精神文明，西方文明是物质文明，或唯物的文明；这是有夸大狂的妄人捏造出来的

谣言,用来遮掩我们的羞脸的。其实一切文明都有物质和精神的两部分。材料是物质的,而运用材料的心思才智都是精神的。〔这一点最好看林语堂先生在《中学生》(一九三〇年)第二号所发表的《机器与精神》〕

胡先生又说:

少年的朋友们,现在有一些妄人,要煽动你们的夸大狂,天天要你们相信中国的旧文化比任何国高,中国的旧道德比任何国好;还有一些不曾出国门的愚人,鼓起喉咙对你们喊道:往东走!往东走!西方的这套把戏是行不通了!我要对你们说不要上他们的当,不要拿耳朵当眼睛,睁开眼睛看看自己,再看看世界。我们如果还想把这个国家整顿起来,如果还希望这个民族在世界上占了一个地位——只有一条生路,就是我们自己要认错,我们必须承认自己百事不如人;不但物质机械上不如人,不但政治制度不如人,并且道德不如人,文学不如人,音乐不如人,艺术不如人,身体不如人。

这样的议论,在我们的出版界是不能多得的。他比陈仲甫先生的见解还进了一步。胡先生在这里虽不明说全盘接受西洋文化,然所谓"百事不如人",正和我们的全盘西化相差没有几多。假使胡先生这话是代表整个胡先生，那么我们不能不佩服他是我们一位最好的医师。不过假使整个胡先生是在胡先生一切的言论里找出，那么我们免不得要怀疑胡先生对于整个西洋近代文化，是否热烈的去颂扬，而对于整个东方文化，是否不客气的指摘。

胡先生以为西洋文化的第一特色是科学（看《我们对于西洋近代文明的态度》。在评梁漱溟的《东西文化及其哲学》一文，他以德赛二先生为西洋文化的特色），然而胡先生却处处表示近数百年来的中国学问，是合乎科学的方法。胡先生曾说过：

> 一千年的黑暗时代，逐渐过去之后，才有两宋的中兴。宋学是从中古宗教里滚出来的。程颐、朱熹一派，认定格物致知的基本方法，大胆的疑古，小心的考证，十分明显的表示一种"严刻的理智态度走科学的路"。这个风气一开，中间虽有陆王的反科学的有力运动，终不能阻止这个科学的路重现，而大盛于最近的三百年。这三百年的学术，自顾炎武、阎若璩，以至戴震、崔述、王念孙、王引之，以至孙诒让、章炳麟，我们决不能不说是"严刻的理智态度走科学的路"。

我读东西学术接触史，曾发生过一个疑问，这就是这三百年来的学问的工夫稍合于科学方法，而又正合于西洋科学输入中国的时期，究竟这两件东西，有没有关系呢？正确的证据固然是不易多找，然有理的假设，每每使我相信他们有了不小的关系。原来中国人的排外及门户意见最深，受了人家的影响，却还是闭口不说。我上面所举的陆象山，就是一例。又像戴震的思想与西洋思想相合之处甚多，然偏偏要说出自孔子。因此之故，我遂以这疑问暂做为肯定——就是这三百年来的科学方法是受过西洋的影响——以为研究的假设。不过胡先生在这处说，这种科学的方法，是始自程颐、朱熹，显然是中国的固有东西。这一点至少是胡先生的意见。假使大家都是科学方法，至多只有程度上的差异，没有性质的不同。但是为什么这么久长的科学方法，除了用以鉴别古董外，没有发生他种效力？西洋物质文化的发达，完全靠于科学，要是中国自己已有了科学，为什么在物质文化上没有半点影响！

其次在胡先生所著的《中国哲学史大纲》的导言里，我们找出下面一段话：

> 世界上的哲学，大概可分为东西两支。东支又分印度、中国两系。西支也分希腊、犹太两系。初起的时候，这四系都可算作独立发生的。到了汉以后，犹太系加入希腊系，成了欧洲中古的哲学。印度系加入中国系，成

第五章 全盘西化的理由

了中国中古的哲学。到了近代，印度系的势力渐衰，儒家复起，遂产生了中国近世的哲学，历宋、元、明、清直到于今。欧洲的思想，渐渐脱离了犹太的势力，遂产生欧洲的近世哲学。到了今日，这二大支的哲学互相接触，互相影响。五十年后，或一百年后，或竟能发生一种世界的哲学，也未可知。

我是从民国十四年的第十一版抄出来。胡先生有了一篇再版序，他声明有点见解，本想改正。他是指那一点，我们未得而知。但是再序是民国八年写的，我阅梁漱溟先生的《东西文化及其哲学》对于胡先生这段话，曾提出严重的抗议（第十八页），胡先生在十一年（？）的评梁漱溟先生《东西文化及其哲学》一文，却没有一言提及。也许胡先生对于上面一段话，还是负责。但是胡先生而果负责，那么胡先生所说的西化，不外是部分的西化，非全盘的西化。其实中国的哲学是与中国的文化有很密切的关系，若是中国的哲学能和西洋哲学相接触，而产生世界哲学，则其与一般所谓东西文化接触，而产生世界文化，相去几何呢？

总括上面的话来看，我们觉得中国人这六七十年来对于西洋文化的态度，的确有不少的变更。把曾国藩来和李鸿章的西洋文化的见解来比较，相差固然有限，然把胡林翼来和胡适之先生相比一比，却有天渊之别。这是无论是谁，都要承认的。

自然的，假使我们对于胡适之先生的批评是不错，则主张全盘西化的人，还是不易找得。然从曾国藩、张之洞一般的西洋文化的观念的逐渐从很小的范围，而趋到较大的范围，从枝末的采用主张，而到根本的采用的主张，则全盘西化的主张是一种必然的趋势。

我们已指出他们的错误。其实，他们之中能够知其错误，并非没有人，我们且看看罢。

> 甲午丧师，举国震动。年少气盛之士，疾首扼腕，言维新变法，而疆吏若李鸿章、张之洞辈亦稍稍和之。而其流行语则有所谓中学为体、西学为用者，张之洞最乐道之，而举国以为至言。盖当时之人，绝不承认欧美人除能制造、能测量、能驾驶、能操练之外，更有其他学问，而在译出西书中求之，亦确无他种学问可见。康有为、梁启超、谭嗣同辈，则生育于此种学问饥荒之环境中，冥想枯索，欲以构成一种不中不西，即中即西之新学派，而已为时代所不容。盖固有之旧思想既深根固蒂，而外来之新思想，又未源浅觳，汲而易竭，其支绌灭裂，固宜然也。

这是梁任公《清代学术概论》里的一段话。十年前的梁先生已见到这层。今后的我们，假使不痛定思痛去变换态度，则过三二十年后，恐怕也只会自悔道"深根固蒂"，没有法子了！

六七十年来的西化的错误，本来是在于迟疑不决的态度。俾士麦老早说过：中国和日本的竞争，日本必胜，中国必败，因为日本到欧洲来的人，讨论各种学术，讲求政治原理，谋回国做根本的改造；中国人到欧洲来的，只问某厂的船炮造得如何，价值如何，买了回去就算了。

二

态度上的西化，既如上面所说；事实上的西化，又怎么样呢？历史告诉我们，中西文化的接触，是始于景教的传入，然当时不但因交通的不便而阻止其滋长，且欧洲当时的文化，并不大高于中国，所以她的命运，不久断绝。元时，天主教也传入，但当时的欧洲，仍是醉梦于中世纪的基督教统治之下，加以元初天主教徒之来华，与其说是为传教，不如说是探元朝的虚实，以及劝元帝停止西侵；读过（Friar John of Plano de Carpini）一二四五——一二四七东来的游记者，当能了解。况且十三世纪的欧洲文化，并无进步于景教东来时的欧洲文化,所以这次东来,结果也无异于景教。

十五世纪的欧洲则不然。她已朝向新文化的路,她已逐渐脱离中世纪的乌烟瘴气,她正像旭日初升,如花初发。地球是四方的学说,已经打破。航海家已不再畏惧驶船到地之尽处,不复再还。科学的种子,已出了萌牙。这时的欧洲是一个新欧洲,而非中世纪的欧洲。

在这种环境之下,西洋人开始和我们做海道的交通,而开东西文化接触的先河。西洋人从海道而来中国的,是一五一六年的葡人伯斯特罗(Perestrello)。继伯斯特罗而起者为安德来德(Andrade)于一五一七年至上川岛,及同年葡人马加来哈(Mascarenhas)至福建。这般东来的先锋的目的,本来是在于商业上的赢利,但是商业上的往来日繁,宗教的输入遂因之而发生。(Francis Xavier)虽不得志而卒于上川岛(一五五二),然继他而起者像利玛窦(一五七九),却在中国的文化上影响不少。利玛窦在广东时的信徒虽不多,然在北京却有很好的成绩。此后教士之逐渐增加,信徒的日多,圣经的传布,教堂的建设,在其最盛之时,教堂之建设在广东有了七所,江南百余所。一六六三年十八省的信徒约在十四五万,而一六九六年单在北京受洗礼者,也有了六百三十人。

十八世纪以后,因为政府之禁止传教事业,表面上固若失败,然根蒂已深。至了十九世纪初叶,新教又逐渐趋入。

此后基督教在中国的势力,漫延全国,我人纵不赞成这种宗教,然而事实上的基督教化,是没有可疑的。

但是一般教士最初于西洋文化的输入而贡献于中国的,与其说是宗教方面,不如说是科学方面。而这时的科学最重要的,却是天文算术。据说利玛窦在韶州时已与其弟子评述《几何原本》。后来在北京,得了中国人士之赞助,于算术上的翻译,更因之而增。至于天文上的历法的推算的精确,且为政府所采用。我们试看杨光先之恢复古历的错误,不但自己因而入狱,则满廷群臣,也觉得西法之当采,以及光先的错误。

除了天算以外,西洋的兵器像铳炮也已为明末政府所采用。不过兵器及机器的需要及机器厂的设备,特别盛于洪杨乱后。同治四年(一八六五)设江南机器制造局于上海,五年奏设轮船制造厂于福建,九年设机器制造局于天津,十一年派选学生留美,请开煤铁矿设轮船招商局。到了光绪元年的筹办铁甲兵船,请设洋学局于各省,分格致、测算、舆图、火轮、机器、兵法、炮法、化学、电学诸科。从此以后,一切的建设,像电报局,开矿务,均是西化的表征。

在教育方面,所谓废除科举,设立学校;在政治方面的派大臣出洋考察政治,请洋人顾问,均是实行西化的表示。到了现在,所谓教育及政治上的西洋化,差不多处处都可以指出。其实不但是政治教育已受了不少的西化,就是在思想哲学方面我们也要西洋化。外国的学者像杜威、罗素我们也请过来演讲，连了所谓以文载道的中国人，逐渐且觉到在文学上不如西洋人，所以西洋文学上的介绍和翻译，也逐渐的增加起来。

上面的叙述，当然是太过简单。然也可以给我们一个印象：这就是中国在事实上是趋于全盘接受西洋文化。不过三百年来的西化，终不见得中国的文化能够和各国立于对抗的地位，是因中国人不愿去诚心诚意来接受西洋文化的全部，而只求目前的部分的西洋文化。比方张之洞未尝不觉到采用西法的必要，然又要保存中学以为根本；未尝不知西洋文化胜于日本文化，然又要劝人留学西洋不如留学东洋，这种的不澈底和非全盘的西洋化，结果是养出不中不西即中即西的梁任公一班学者。学问上固是如此，全部文化亦何莫不然？其实，文化是没有东西之分，要是我们觉得人家的文化是优高过我们，是适用过我们，我们去学人家，已恐做不到，何况还要把有限的光阴脑力，去穿钻这已成陈迹的古董！

三

要是理论上和事实上中国已趋于全盘西化的解释，尚不能给我们以充分的明了，则全盘西化的必要，至少还有下面二个理由：

（1）欧洲近代文化的确比我们进步得多。
（2）西洋的现代文化，无论我们喜欢不喜欢，它是现世的趋势。

想对于第一的理由有充分的明了，最好把西洋文化的发展，和中国的文化的发展比较来看。周秦时代的中国文化，比之古代希腊的文化，没有什么愧色，这是一般人所承认的。汉朝统一以后，中国文化遂走入黑暗时代，然欧洲在中世纪的趋向，正像汉以后的中国。中世纪的欧洲和汉以后中国的文化的异点，从大体来说，前者深染宗教彩色，后者偏于伦理，然而文化的性质，不但只包含宗教或伦理，而且包含了政治和其他方面。我们所谓深染宗教彩色，或伦理彩色，不外是指其文化的趋向的重心所在罢。

但是欧洲的宗教彩色虽浓，欧洲中世纪的宗教和政治自始至终，成为对峙的势力。中国的政治道德却互相利用，儒家给专制君主以统治的理论，而专制君主又给儒者以实力的保护和宣传；这二者调和起来，所以延长的时间较久，而其势力也大。反之，在欧洲政教分开，差不多是中世纪最流行的观念。他们的意见是：教会所应管理的事是精神的

（Spiritual），而皇帝所应管理的事是世俗的（Temporal），他们各人有各人的范围而不能逾越。我们以为事实上政教的关系是很密切的，正像我们上面所说的文化的各方面的密切关系而不能分开，理论上若硬要把他们来分开，结果是使二者互相冲突，欧洲中世纪的政教的冲突的原因，未尝不因此。

所以从一方面看去，欧洲的中世纪，固然与汉以后的中国相像，然他们究有异处。专从文化的各方面来比较，中国固然不下于欧洲，然从文化发展的目的上看，欧洲的确已占了优势。其实，我们可以说中世纪的欧洲文化，也是我们所谓文化过渡时代，因为所谓中世纪的欧洲文化，并非欧洲那一部分的固有文化，而是希腊、罗马、希伯来三种联合的文化。希腊的文化的特性是偏于伦理方面，希伯来是宗教方面，罗马是统治世界的帝国。设使最初一般教父，而始终绝对主张政教合一，中世纪的欧洲，也许成为教会式的帝国。无奈他们总趋于政教分离的主张，结果是政教的合一，是到了十四五世纪后才能实现。加以政教未趋一以前，欧洲文化又得了十字军的东征和元朝的西侵，而和东方文化相接触。反之，在我们中国，自三代以下，都自成一种系统。佛教的侵入，固有不少的影响，然中国人的脾胃已存着老庄的气味，所以佛教之来，既非大异，也没有什么利害的冲突。

欧洲因为了常常和外界文化接触，及内部的特殊环境，而时换新局面，所以他的文化里所含的各种特性较多，而改变也易。我们试读欧洲史,而见其像我们中国人对于外来文化那样排除藐视的,能有几人?我们的文化,所以到这样单调和停滞,不外是不愿去学他人。所以从东西文化发展上看去,不但这两三百年来,我们样样的进步,没有人家这么快,何况三二百年前的西洋所占的位置,已比我们好得多?文化本来是变化的,而且应时时变化,停而不变,还能叫做什么化呢?

假使文化发展上的比较,尚不能澈底使我们明白欧洲文化的确比我们的文化为优,我们再把文化的成分来分析而比较,则我们所得的结论也是一样。

衣、食、住差不多是人生物质生活的要件。没有到外国的人,也许不觉得我们的生活的简陋,然一到外国的人,总免不得要觉到我们自己的生活,若不客气来说一句,还是未完全开化的生活。"欧洲没有穷人",一位住在欧洲好多年的朋友有一次这样的对我说。其实,我们若看欧洲报纸,见得欧人天天都在那边说得他们的穷况,何等利害,然而平心来说,欧人所谓穷,是没有舒服,中国人的穷,是穷到非人的生活。我们不要远跑,只在上海、北京、广州,附近的地方看看,便能了然,这些的人,一天三餐还没法子去弄好,说什么来和欧洲人比较?

这不过是从经济方面来说,我们若从农、工、商业来看,那么我们比诸西洋人,更有天渊之别。说起农业,中国现在有什么出产是值得和世界相媲美的呢？说起工业，一个这么大的广州，数不出五枝烟筒，比起从比利时而入德境以至柏林的那条路的数不尽的工厂，有什么分别呢？说起商业，中国人不但没有法子去在世界市场上竞逐，连了国内也比不上外人！

若把政治教育以及他方面的情况来和西洋比较，我们实在说不出来。我们要和西洋比较科学吗？交通吗？出版物吗？哲学吗？其实连了所谓礼教之邦的中国道德，一和西洋道德比较起来，也只有愧色。所以西洋文化之优于中国，不但只有历史上的证明，就是从文化成分的各方面来看，也是一样。

应该全盘接受西洋文化的第一理由，略如上说，现在可以解释第二个理由。西洋文化是世界文化的趋势。质言之：西洋文化在今日，就是世界文化。我们不要在这个世界生活则已，要是要了，则除了去适应这种趋势外，只有束手待毙。我们试想，设使我们而始终像王壬秋、义和团那样顽固，现在的中国又要怎么样呢？

试看美国的印第安人，为什么到这田地呢？照我的意见，不外是不愿去接受新时代的文化，而要保存他们自己的文化，结果不但他们的文化保存不住，连了他们自己也保存不住。反之，美国的黑人，能够蒸蒸日上，不外是能够适应新时代的文化。平心来说，美国白种人之仇视及压迫黑人，比诸印第安人利害得多，然一则以存、以盛；一则以衰、以灭。这种例子，可为吾国一般踌躇不愿全盘接受西洋文化的良剂。我们试想假使一个黑人愿为美国人照旧的做奴隶，而不愿努力去同白种人作同样的生活，我们必定看不起他。然一个中国不愿去接受现代趋势的西洋文化，而要保留过去的文化，从一个旁观人来看起来，他必定说道：其异于奴隶者几希？

其实要是我们看看我国的黎人、苗人的历史，已足为我们殷鉴。比方：在海南数百年来，耗过无数金钱，费过无数头颅，去征伐黎人，然到今，我们一谈到海南，总会谈到扶黎救黎。其原因也不外是因为黎人不愿接受我们的文化，结果他们的情况日弄日蹙。我们若不痛改前非，则后之视今，恐犹今之视昔。

四

我们已解释全盘采纳西洋文化的必要，我们现在可以将一般反对这种主张的人的意见，略为说明，以为本章的结论。反对全盘采纳西洋文化的人，以为每一民族，有一民族之文化，所以文化成为民族的生命。他们的结论是：文化亡，则民族亡。这种意见的错误，是在于不明了文化乃人类的创造品，民族的精神固然可于文化中见之，然他的真谛，并不在于保存文化，而在于创造文化。过去的文化是过去人的创造品，时境变了，我们应当随着时境而创造新文化，否则我们的民族，只有衰弱，只有沦亡。

又有些人以为全盘采用西洋文化，就使民族不至于沦亡，然我们何忍把祖宗之创业，置于沦亡而不取。我们的回答是：全盘采用西洋文化，决不会生出这种结果，因为固有的文化乃文化发展史上一部分。固有的文化固不适用于现在，然在历史上的位置，却不因之而消灭。就使我们中国人而不顾及，西洋人也会注意。因为他是世界文化历史的一部分。十七世纪的欧洲学者，也许写世界史而不包括中国史，然二十世纪的历史家，若对于中国历史没有相当的了解，他决不敢去写世界史。况且我们已说过，文化是变化的，我们祖宗曾经结绳以记事，我们用了文字，已是变化，我们若一定要保存祖宗的创业，吾们何不再结绳以记事？

又有些人说，西洋人曾竭力去提倡东方文化，难道中国人不要提倡自己文化吗？我们以为西方人提倡东方化，是西方人的事，东方人要西化，是东方人的责任。其实西方人之于东方文化的研究，正像他们研究非洲土人的文化一样。难道西方人去研究非洲土人的文化，是要提倡非洲文化吗？

反对全盘西化的人的理由，当不止此，然其浅陋，也可以见其大概了。

第六章 近代文化的主力

十余年前,李大钊先生在其所著《东西文明根本之异点》一文里,劈头就说道:(民国七年七月《言治季刊》)

> 东西文明有根本不同之点,即东洋文明主静,西洋文明主动是也。

从这根本的差异上再推衍到他种差异,据李先生的意见,则东方文化和西方文化,又有了下面的不同之点:

> 一为自然的,一为人为的;一为安息的,一为战争的;一为消极的,一为积极的;一为依赖的,一为独立的;一为苟安的,一为突进的;一为因袭的,一为创造

的；一为保守的，一为进步的；一为直觉的，一为理智的；一为空想的，一为体验的；一为艺术的，一为科学的；一为精神的，一为物质的；一为灵的，一为肉的；一为向天的，一为立地的；一为自然支配人间的，一为人间征服自然的。

我们在第一章里已经说明，一切文化都是动的，所以文化的特性是变动。因为一切文化都是动的，所以把动与静来做某二种文化的根本差异，不但不妥当，抑且不通，因为世界没有静的文化。文化之所以形成，固是赖于动，文化之由一代传到第二代，也赖于动。比方：言语是一种文化，言语的创造及发展，当然是赖于动力。后代的人，学习言语，也是要赖动力。又比方：一种建筑，她的最初创造，固赖于动力，但是我们若要照样的丝毫都不改变而再造一座，也免不得要动力。世间只有已经消灭及只能放在博物院来作古董，而完全不适我们的需要的文化，才可以叫做静的文化（参看第三章第三节）。

所谓根本上的动静的文化的差异，既不能成立，就是从这种根本的差异，而推衍出的各种差异，也是不妥当的。比方：李先生说，东方的文化为自然的文化，西方的文化为人为的文化，这也是一个大错误。一切文化，都是人为；文化而是自然的，安能叫做文化？又如：李先生说一为因袭，一为创造，

第六章 近代文化的主力

也是说得不通。一切文化都是创造的,除非吾们承认这些文化是神所给与我们,才能说不是人类的创造品。她的起源固非人类所创造,然人类若欲因袭而传之后代而为目前的需要,人类也要他们自己照样的去造做出来才好。所以因袭并非坐而享受,并非无须造作;所谓因袭,不外是我们不加不减照样的去做前人所做的东西罢。

所以这样的来分别东西文化的异同,我们应当不要忘记至多只有程度的差异,没有种类上的差异。其实,文化本身上只有程度的差异,而没有种类的不同。所以我们认定像伧父君在其《静的文明与动的文明》一文里所说下面一段话,是错误了文化的根本观念。

> 盖吾人意见,以为西洋文明与吾国固有之文明,乃性质之异,而非程度之差,而吾国固有之文明,正足以救西洋文明之弊,济西洋文明之穷。

这是心理变态的东方人的自慰话,这是东方人的夸大狂!

总而言之,文化本身上既只有程度的差异,没有种类上的不同,把某个圈围的文化,来和别的圈围的文化,来寻出根本上的性质不同,是决不能给我们以澈底的了解。我们若要明白东西文化的差别,只能于程度上观察。但是文化的程度上的差异,不但是限于中国文化和西洋的比较,就是现代的西洋文化和中世纪的西洋文化，也有这种的不同。其实，殷商时代的中国的文化，与周秦的文化，若把来比较起来，也非没有这种的差异。

我们已经说过，周秦时代的中国文化，并不低下于欧洲古代的希腊文化，而中世纪的西洋文化，也不见高于汉以后的中国文化。这是专就文化本身的实在情况来说，而非其发展的目的和趋向方来看。然从十五六世纪以后，欧洲的文化遂起了重大的变化，而成为近代的西洋文化。这种文化，因为它是世界文化的趋势及其目前的需要，所以我们叫做近代文化。本章所谓的近代文化，就是此意。从文化的根本观念的研究的成分的分析来看，现代各种普通的文化特质，在中世纪或古代并非没有，然就文化的程度或量的方面来看，则中世纪的欧洲文化，或所谓中国的固有文化，若把来和现代的西洋的文化比较，则其差别则正有天壤之殊。质言之，现代的欧洲文化，把来和十二世纪的文化的差异，与十二世纪的文化，把来和四五世纪的差异，则现代之异于十二世纪，比之十二世纪之与四五世纪的差别，太利害了。然而为什么现代西洋文化和中世纪的文化的悬殊，到这么利害呢？换言之，近代文化的变换为什么到这样利害呢？

要解答这问题，我们又不能不从文化的根本的观念上着想。我们已说过，文化是人类适应时代环境以满足其生活的努力的工具和结果，所以文化是人类的创造品，而人类创造文化的成绩的程度如何，又要靠着人类的努力如何。坐着不动，而对于世间一切，都没有振作的念头的人，不但不会创造新文化出来，连了旧文化也保存不住。这一层我们可以设一个最平常的例子来说明。比方：一个人辛苦的去置了一种产业，或是赚了百万家财，这种家财和产业，假使他的子孙，不努力去发展，而增加其产业财产，或是不努力去维持，则坐食江山，不但发展不来，保存也是不住，结果是家财荡尽。文化也是这样。我们祖宗，二千年前所创造的文化，在今日能够在二千年后留传者，并非什么祖宗"在天之灵""赐福后世"，而是我们自己的努力的造作，而非祖宗的努力。祖宗已在二千年前死去，他怎能为二千年后的子孙努力呢？

所以每一代的文化，都赖每一代的人的努力扩张和更新。更新固要我们的努力，保存因袭也要我们自己去努力。其实我们所谓固有文化的总和，决非一个祖宗造出来，也非一代的祖宗造出来。因为它不是一个祖宗造出来，我们专只去崇拜这个祖宗，是我们对不起别的祖宗。因为它不是一代的祖宗造出来，我们只去崇拜一代的祖宗，是对不起别代的祖宗。

我们读历史的传说听说燧人教民钻木取火，而开熟食之纪元。所以谈起熟食，要谢谢燧人。然历史的传说又告诉我们：神农教民耕稼，难道我们只会崇拜取火的燧人而不崇拜耕稼的神农吗？我们读中国史，知道汉朝注重经学，宋朝注重理学，难道我们只晓得宋学是我们祖宗的创业，汉学却不是祖宗的遗业吗？

然而这种的觉悟和认识，若放大起来，而应用到文化的各方面，则所谓排除异己的观念，决不能存在。而我们的思想及生活方式，决不能任何一人及一代所垄断，所以我们若承认这个整个文化，是并非一人一代所造成，则我们不得不承认这个文化

并非一人一代的努力。

它既不是某一人或某一代的努力，则每一个人都有变换这一种文化和创造新的文化的责任，而使每一代的文化，都应该比前一代的文化进一步与高一级。

这种每一人的责任心的认识和觉悟，就是个性的认识和觉悟；而每一人都努力去担负这种责任，则个性必定尊重，必定发展。主张尊重和发展个性的学说，是

个人主义。

这种的个人主义，在古代希腊的哲人也主张过。他们的流行语，是个人是万物万事之量。他们对于个人的地位，极力提高，而使个人能够在文化上有所贡献。卡士曼（Cushman）在其所著的《西洋哲学史》里说：

第六章 近代文化的主力

这些哲人，是直接引起希腊文化上的变动的人。他们是希腊启明时期的中坚。这些哲人与希腊文化的重要关系至黑格儿而始大白，从前的历史家，都不大视他们（看瞿译上册第五九页）。

到了苏格拉底把哲人的个人是万事万物之量，改为人类全体为万物之量，而他的弟子柏拉图，及柏拉图的弟子亚里士多德更张大其说，个人主义因之而衰。照柏氏的意见，社会国家及文化的发生，是因为人类天然的需要，而且社会国家的发生，是先于个人。所以惟有在社会国家里，才能有个人存在的余地。结果，个人不外是社会国家的附属品。同样，亚里士多德也觉得社会国家是先于个人，而且重要于个人，因为他以为国家是一个整的个体，而包括文化的一切，个体不过是国家的一部分，正像一个人，假说他的全个身体已毁坏，则他的脚手，也不能存。其实个人不外是国家的一种工具，用以促进国家的目的罢。

罗马时代的初年，据说每一个人都有每一个人的主权。但是罗马逐渐的成为帝国，帝皇的权力，日日增加，而个人的自由，也逐渐的丧失。到了中世纪的时代，个性简直是没有法子去发展。一切的威权，都是在上帝手里。一切的文化，像政府，像法律等，都是上帝的创造品。上帝不但是万能，而且是万有。在中世纪的人们，不论是教父，无论是帝王，没有不承认这个上帝的存在，没有不遵守上帝的命令。

但是上帝究实是超乎这世界的，他并不亲身的降世来治理一切，他也不亲口的发出命令。他的命令，他的万有，是赖着他的代表，他的使者，来代他说明，代他管理。但是那一个是他的使者呢？教父的回答是教会，而一般帝王的亲信，却说是帝王。然而无论属那一个，从个人方面看去，他们总是个人主义的窒碍品。要是人们承认教会是地上的天国，上帝的使馆，则教皇所说一切，就是上帝的意旨。要是人们承认帝皇是上帝的治人间的使者，则帝皇一切的动作，都是上帝的动作。

但是中世纪的世界，照一般最流行的观念来说，是二元的世界。他们的信仰是，关于人生一切的精神事情，是应当给与教会；而关于人生一切的俗事，是应当给与帝王去管理。世俗和精神二件事，从文化的立脚场看去，不但是有了密切的关系，简直是分开不来。他们硬要把来分开，结果是教皇和帝皇的争执，成为中世纪的流行现象，而这时代的个人，终没有法子去超脱这二种势力之下。因为他们既承认上帝的威权是绝对的，则上帝的使者的威权，也是绝对的，而所谓绝对的信仰和服从上帝，也不外是绝对信仰和服从他的使者。

我们应当承认在九、十及十一世纪，是教会势力澎涨的时代。但是正因为了这个原故，而使教会势力的崩痕露出来。

设使教会而能自足的不超过帝王的威权，二者互相扶携，则中世纪的世界，也许延长至现在，而欧洲今日的文化，也许不会进步这么利害。像我们中国一样的保存其单调文化，至于近代。但是教会因一方面欲把在原则上自己所承认的帝皇的威权，搜到自己的手里，而成为自己打自己的嘴巴，致失自己的信仰。一方面又因十字军的东征和元朝的西侵，而成了一种新局面。这二面都可以说是促成近代个人主义的主因。

这种个人主义，又是西洋近代文化的主力。

我们已说过，教父自己承认关于治理一切俗事的威权，是应该在帝王手里，而关于精神的事情，是应该属于教会。这种见解，是最初的教父所共认的。他们的根据是耶稣曾说过：我的国家是在天。然而最初教会的人们，也因为基督教是罗马所视为异教，他们这时的愿望，不外是要求教会的脱离于帝国统治之下。罗马崩裂，教会权势日日增加，一般教皇，遂做进步的要求，以为教会是神圣机关，不受帝王之管理，而可以脱离帝国，然帝国却不能脱离教会而独立，因为教会于神圣事业之外，还可以管理俗事。这样一来，教会遂想抱揽一切，其结果是连了君主像关于婚姻事情，也要受教会的管理。因为教会太猖獗了，免不得发生种种反响，结果是发生出十四世纪的（Avignon）的把戏。好堂皇的教皇，有些历史家说，被了法国的君主放入衣袋里了！

教会统治全欧的计划，既已成了梦想，阻止欧洲个性发展一个大室物，已逐渐崩坠。我们还不要忘记，教会的势力固消灭，帝王的权力又继之而起。帝王像教皇一样的说他是上帝的使者，他的命令就是上帝的命令。到了十六世纪之末，及十七世纪之初，像英国皇帝詹姆士第一更进一步来说：所有的君主，都是上帝。然而君主势力澎涨的时候，也是个人主义萌芽的时候，因为君主若压迫太甚，则个人不得不起而反抗。其实宗教的改革，已经推翻千余年来以教会为上帝的使馆的观念，而返到个人与上帝可以直接交通。所谓个人与上帝可以直接交通，就是反对教会所垄断的上帝意旨。上帝既实在是寻不见的东西，教会的意旨就是上帝的意旨。现在个人既能和上帝直接交通，直接承受上帝意旨，则个人之意旨，就是上帝之意旨。所以宗教改革，不但是只推翻教会专制，其实是连了信仰上帝，也成了问题，而结果是：

信仰自己。

这种信仰自己的观念一发生，不但是教会统治自然崩坠，就是君主专制也要崩坠。因为君主就是上帝的使者的观念既打破，君主是上帝的谎话，也要打破。因为人人都是上帝了，要把君主的上帝，去压迫他人的上帝，是等于上帝自己压迫自己。这是绝对没有的事。因此，政治上的个性自由，也因之而生。

上面是说教会想统治一切的精神和俗事，而激引教会的崩坠和宗教上的个性信仰自由，再由宗教上的自由，引起政治上的个性自由。我们现在再说十字军的东征和元朝的西侵，而引起现代的个人主义。

十字军的发生，也可以说是由于教会的统治和侵略的欲望，教会不但是在欧洲内部要统治一切，且要伸手到外边去。因此遂号召十字军去东征。从拯救圣地方面来说，十字军东征的目的，本已达到，但从他方面看起来，教会的势力，却因此而丧失不少。第一，因为十字军的东征，在欧洲一般的忠实信徒，都被杀死不少，致教会失了不少精华。第二，没有从军而留在欧洲的人们，是表示他们对于宗教的信仰，没有这般从军者那样热烈和忠心，其实他们也许是教会的仇敌。现在教会的强有力者既皆效力疆场，正是他们发展一个好机会。这个机会，一方面使他们能做强有力的组织，以对抗教会的压迫，一方面可以使他们的个性上逐渐发展，而引起后来的个人主义。

至于元朝的西侵之影响于欧洲人的个性发展上，也很明白。据一般历史家的意见：中国的印刷、火药及指南针之输入欧洲，是在元帝西侵的时候。印刷的影响是：打破教会教士及贵族垄断智识界，而使书册文字流传于民间，其结果是思想上得以解放，而脱羁教会和贵族的统治思想。火药的影响是：打破武士制度，使部落的贵族的势力减少，而输之于平民，以开民治的途径。指南针的影响是：使航海家能够远渡重洋，而辟新世界。这些的影响，不过只述其重要者，其实元朝的西侵，而使全欧震动，对于欧洲人的狭见打破不少，而对于个人个性的发展上，如冒险东游，可以叫做个人主义发展的原因。

我们已经说过：个人主义是近代西洋文化发展的主因，因为惟有解放个人一切的解放和压迫，然后各个人始能尽量去发挥个人的才能。文化的创造和发展，是赖于各个人的才能和努力。设使在某一个文化圈围里，个个人都努力来尽量发挥其才能，则这个文化圈围的文化，必定进步得利害。反之，假使在某一个文化圈围的个人，为了某种势力所压迫，或是随波逐流而无所振作，则这个文化圈围的文化，决没有法子去发达。因为文化是人类的创造品，要是人类而不努力去创造，怎能发生得文化来？

从欧洲的历史来看，中世纪与希腊时代的文化，所以停滞而不发展，都是因个性受了压迫，而没有发展的可能。同样中国文化所以到这么单调，这么停滞，也是由于个性的束缚。个性之所以不能发达的原因，大要有三：一为万物神造说，二为自然生长说，三为伟人天生说。万物神造说在中世纪最为流行。自然生长说，在柏拉图及亚里士多德的著作中，可以找得出；老子所谓无为而无不为，也属于这一派。至于伟人天生说，差不多可以说是中国的传统思想，而且是孔子、孟子所主张最力的。中国人叫君主做天子，也不外是这派罢。

这三种学说既为个性发展的窒碍，而个性不发展又为文化停滞的原因。质言之，这三种学说是和文化的发展处于对峙的地位，假使我们而能明白这一点，则本章所谓个人主义是西洋近代文化的主因，也可了然。

我们现在可以把一个实例来说明。

谈近代西洋文化发展史的人，总免不得要记得意大利的加里雷倭（Galileo）。加氏是生于一五六四年。哥伦布已发见了新大陆。宗教改革的中坚人物马丁路得差不多死了二十年。欧洲人的个性发展，正是如潮如涌。加里雷倭也不过新时代中一个先锋。然吾们试看他之所以被禁，不外是不愿去盲从天地神造之说，而发挥其个性之所能。加氏是近代西洋文化史上一个大恩人，然教皇之所以特诏他到罗马讯判者，是因

（1）他相信歌白尼以为日居中心，地球绕之而行的学说；

（2）他教授了不少门徒，以传播这种学说；

（3）他曾为文说太阳有斑点；

（4）他答辩根据《圣经》而反对的人，以为宗教和科学可以相容而不悖。

后来因为他著妥勒梅及歌白尼两大宇宙之谈话，遂引起

罗马教皇的惩罚。惩罚的条文有三：

（一）加氏须亲草誓愿书，此后不再离经叛道，而攻乎异端，万一而不能实行，则愿受无论何种的刑戮。
（二）终身禁锢，不得自由。
（三）每星期须读七条悔过圣诗以自忏。

加氏后来因疾而死，但是连到死后，教皇也不准人家为他公葬立碑。我们试想在自由思想已经开于十六七世纪，教会之排除异己，尚且若此之甚，若在中世纪而出一像加氏者，则教会之待遇，将又何如？

"我虽不再说地球是能自动，无奈地球是自动的。"这是加氏受教皇被迫而承认上面所举三条条件以后所说的话。以事实上是动的地球，硬要人家说是不动，抹杀真理，一至于此。在这种环境势力之下，而想文化的进步，何异望梅止渴？

万有神造势力之下的个性比较发达的人，所遭的场遇固如此，在攻乎异端、斯害也已的孔家势力之下的个性比较发达的人，所处的境遇，也是这样。我们且看数十年前对于西洋的文化比较做过多少实地的观察的郭嵩焘寄给李鸿章一封信，便能了然。

第六章 近代文化的主力

前岁入都，本意推求古今事宜，辨其异同得失。自隋唐之世，与西洋通商，已历千数百年，因鸦片之禁而构难，以次增加各海口，内达长江，其势日迫，其患日深，宜究明其本来，条具其所以致富之实，其发明，其用心，而后中国所以自处，与其所以处人者，皆可以知其节要，谋勒为一书，上之总署，颁行天下学校，以解士大夫之惑。朝廷所以周旋远人之心，固有其大者远者，当使臣民喻知之。道天津，亦为中堂陈之，及至京师，折于喧嚣之口，嗫不得发。窃谓中国之人心，有万不可解者，西洋为害之烈，莫甚于鸦片烟，英国士绅亦自耻其以害人者为构衅中国之具也，方谋所以禁绝之，中国士大夫，甘心陷溺，恬不为悔，数十年来国家之耻，耗竭财力，无一人引为疚心。钟表玩具，家皆有之，呢绒洋布之属，遍及穷荒僻壤，江浙风俗，至于舍国家钱币而专行使洋钱，且昂其值，漠然无知其非者，一闻修造铁路电报，痛心疾首，群起阻难，至有以见洋人机器为公愤者，曾劼刚以家讳乘南京小轮船，至长沙，官绅起而大哗，数年不息，是甘心承人之害，以使脧我之脂膏，而挟全力自塞其利源，蒙不如其何心也。办洋务三十年，疆吏全无知晓，而以挟持朝廷曰公论，朝廷亦因之而奖饬之曰公论，呜呼天下之民气郁塞壅遏，无能上达久矣。而用其嚣张无识之气，鼓励游民，以求一逞，又从而引导之，宋之弱，明之亡，皆此鸦张无识者为之也。嵩焘楚人也，生长愚顽之乡，又未一习商贾，与洋人相近，盖尝读书观理，举古今事变而得之于举世哗笑之中，求所以为保邦制国之经，以自立于不敝，沛然言之，略无顾忌，而始终一不相谅，窜身七万里外，未及二月，一参再参，亦遂幡然自悔其初心，不敢复为陈论矣……

所谓以"自立于不敝，沛然言之，略无顾忌"，就是个性的表现，然像嵩焘这样的人，因为受了传统思想所摈弃，免不得也要"幡然自悔其初心，而不复再为陈论"，个性之难表彰，文化之难于上达，可以想见！

文化的停滞，既由于传统思想的压迫个性的发展，则提倡个人主义，不但在消极方面，可以打破传统思想；在积极方面，可以促进文化的进步。西洋近代文化之所以能于三二百年内发展这么快，主要是由于个性的发展，和个人主义的提倡。

西洋各国提倡个人主义者甚多，比方：十七世纪的弥尔敦（John Milton）在其所著的（Areopagitica），对于个人的言论，自由的主张，以及反对政府对于人民的压迫，可以说是后来英国个人主义的先河。此外如洛克如边沁对于个人自由上均极力主张，而十九世纪的弥尔及斯宾塞尤为特出。弥尔的关于个人主义的最重要的著作，厥为他的《政治经济学》及《自由论》(严译为《群己权界论》)。斯氏的个人主义最先发见他的《社会的静》一书,后来在其所著的《个人对国家》一书更极力张大其说,而成为个人主义上的最有威权的著作。

美国的独立宣言,也是基于个人的个性自由上。主张个人主义最力者,要算哲斐孙。后来著名的著作家像托洛(Thoreau)更极力主张这种学说。他以为除了我个人让给了多少权利与政府外,没有政府能压迫我个人的身体和损害我的财产。理想的社会,是在这社会里,个人要有很高和独立而不受他人牵制的权力。

法国的《人权宣言》的出发点,也是从个人的利益方面着想,而有名的著作家之主张个人主义的也很多。托克维尔(Tocqueville)在他的《美国民治论》,拉布雷(Laboulaye)在他的《国家及其界限》,米雪尔(Michel)在其《国家的观念》,对于个人主义上,均有充分的说明。

德国学者主张个人主义者也很多。个人的自由意志,是康德思想的中坚。个人本身上有了他的目的,他并不是生来而为国家牺牲一切的。斐希特(Fichte)也极力反对国家对于个人的自由意志,加以过度的压制。黑格儿也处处为个性辩护,他在他的《历史哲学》里,指出个性的沉没,是中国文化没有发展的最大原因,他很对的说:中国只有家族,只有团体,没有个人,没有个性。但是德国人之主张个人主义最力者,还是洪波德(W.V.Humboldt)。洪氏在其所著的《国家的功用的范围》一书里,说国家所应当最注意的点,在乎国民个性的势力,尽量发展,因为人类的真正目的,是使各人自己的能力,能发展到最完全的境地。

上面不过将数位比较著名的主张个人主义者,来做例子,西洋人之主张个人主义者。还有好多。而且西洋人的个性的发展,是处处都可以找出来,这是凡到过西洋各国,或和过西洋人接触的人,总要承认的。因为他们的个性上能够尽量发展,其贡献于文化的创造和发展上,也很利害。德国人有一句俗话道:德国的学说之多,是等于德国的博士的数目。换言之,在德国有了一个博士,就多了一种学说。德国的博士本来比任何国都要多,要是每个博士都有了自己的学说,那么学说之多,可以想见。学说多,就是表明德国人在思想上所表现的个性很强,而思想的发达,也很利害。其实德国人何止只在思想的贡献不少,他们无论在文化那一方面的贡献,都很利害,而其原因,不外是个性比较特别发达。德国固然如此,整个西洋,也差不多是这样。

我们返观我们中国,二千年来的文化的停滞,到这么地步,也是因为个性太束缚了。李卓吾总算做在中国历史上个性比较坚强的人,然为了这样,才被当时的摈斥;也是为了这样,才能大胆的说道:"二千年以来无议论,非无议论也,以孔子之议论为议论,此所以无议论也。"议论固如此,文化亦何独不然？所以二千年以来的文化，则孔子之文化。我们可以说二千年来是有文化，也可以说是差不多没有文化。说她是有，因为有了孔子的文化，说她是没有，因为这些文化，是二千年前的文化，并非二千年来所创造和发展的文化。

因为了只有孔子的议论，而孔子的议论，又是伟人天造的议论，是排除异己的议论，所以除了孔子以外，没有别的个性可以发展。结果是文化既没有法子去跳出孔子的文化圈围，个人主义在中国的历史上，也没有诞生的可能。

有些人也许要问道：那么杨朱、陈仲子的学说，也不能叫做个人主义吗？本来春秋战国之世，传统的思想，既失其效力，思想方面所表现的个性，并非没有。杨朱和陈仲子就是一例。但是个人主义的主张，却找不出来。杨朱岂不是告诉我们吗？

损一毫利天下，不与也。悉天下奉一身，不取险也。人人不损一毫，人人不利天下，天下治矣。

这简直是极端的为我主义。我们试想某种文化的形成，是要赖了多少人的努力创造，假使人人而不愿去损一毫来益他人，还有什么文化的可能？其实，杨朱只是一个最会享受文化的懒惰人，他说：

恣耳之所欲听，恣目之所欲视，恣鼻之所欲向，恣口之所欲言，恣体之所欲安，恣意之所欲行。

把最显明的话来解释这段话，便是像今日一般的尽量去享受西洋人的洋楼、汽车，以及一切的生活便宜，而极端反对去创造这些生活上的便宜的需要。试问设使人人都像杨朱那样，世间还有那一个来制造汽车，建筑洋楼？结果是这些东西无从发生了！

至于陈仲子的学说，也不能叫做个人主义。她只是一种消极的任我主张罢。消极的任我，也造不出文化来，因为他并不是积极将自己之所能尽量发展，而有所贡献于文化。

杨朱的极端的为我，和陈仲子的消极的任我主张，本来是我们所不赞同的，然像这种的学说，自从孟子和赵后把来做禽兽和当杀以后，再也没有人去提倡了。

在孔家思想统治之下，中国决没有法子去产生个人主义。个人主义没有法子去产生，中国文化的改变，至多只有皮毛的改变，没有澈底的主张。我们试想，西洋文化之输入，已有三百年的历史，然中国仍照旧的不澈底去改革固有的病弊，而采用西洋文化，不外是中国人仍旧的醉生梦死于孔家的复古文化。

本来西洋的个人主义之介绍于中国的历史，已在满清尚未推倒以前。严复所译斯宾塞的《群学肄言》及弥尔的《群己权界论》应当对于中国思想上,有莫大的影响。无奈事实上并不是这样。其原因也不外是由于排除异己的成见太深。一直到了民国四五年以后,开始有了些人作了断片的个人主义的言论。比方:陈仲甫先生在他的《东西民族根本思想之差异》一文(《新青年》一卷四号)内,有一条说明西洋民族以个人为本位,而东洋民族以家族为本位。此外又如胡适之先生,于民国七年所写的《易卜生主义》之影响于中国思想界,也很显明。

适之先生自己也说:

> 这篇文章(《易卜生主义》),在民国七八年间,所以能有最大的兴奋作用和解放作用,也正是因为它所提倡的个人主义在当日确是最新鲜又最需要的一针注射。(《胡适文选》第八页)

我以为仲甫先生既没有积极的提倡个人主义,适之先生的介绍,也不外是一方面和断片的介绍。然这样的轻轻一试,已有这种成绩,要是中国人而能尽力从这条路上做工夫,则将来的效益,当无限量。可惜中国人的传统思想已深入脑髓,结果是轻轻的一针注射的个人主义,敌不住什么堂皇的思想统一的注射,结果是我们仍是照旧的只会游手好闲的享受西洋的汽车和洋楼,没有自己有所振作的决心。假使我们而照旧的这样做去，用不着日本费了出派兵舰之劳，我们自己不久总要卖身卖国来买西洋货和日本货，配不上来说什么西洋化，或是日本化呵！

我们的结论，是救治目前中国的危亡，我们不得不要全盘西洋化。"但是澈底的全盘西洋化，是要澈底的打破中国的传统思想的垄断，而给个性以尽量发展其所能的机会。但是要尽量去发展个性的所能，以为改变文化的张本，则我们不得不提倡我们所觉得西洋近代文化的主力的：

个人主义。

第七章 南北文化的真谛

国人近来对于南北文化的研究的兴趣，好像是日日浓厚。翻译的论文如国立武汉大学《文哲季刊》杨筠如君译日人桑原骘藏的《由历史上观察的中国南北文化》（参看该刊一卷二号），著作者如《新亚细亚杂志》一卷三期张振之君的《中国文化之向南开展》，讲演者如张溥泉先生最近为宁粤和平奔走而来粤在岭南大学的讲演（按同时来岭南讲演者为蔡元培先生，惟蔡先生所讲乃教育问题）。此外又如梁园东君在《新生命》杂志三卷十二期所发表的《现代中国的北方与南方》。

桑原氏的大意是中国的文化最初是繁盛于北方，逐渐趋向南方发展，而特别是永嘉乱后，其南趋的速度，比前较为利害。南宋以后，南方的文化竟驾乎北方的文化。桑原的论文固然从各方面如人口、都市、物质来证明中国的文化的重心是由北方趋向到南方，然其大部分及最重要的证据及材料，是注重所谓文运及人才方面。所谓文运及人才，能否代表文化的全部，我们暂且不必讨论。我们在这处所要注意的点，就是桑原的论文并非说明南北文化的异同。他的目的，不外是指出中国文化发展的趋向及其重心的趋向，是由北方而南方。张振之先生的论文和桑原的著作，差不多完全暗相符合，所以看过桑原文章的人，可以不必看张先生的著作。

张溥泉先生的讲演的大意，大致和张振之先生及桑原的意见相同。他以为由历史上看去，中国文化发展的方向，是由北方而南方。其发展的速度，从秦始皇筑成万里长城以后，更为显明。始皇想杜绝匈奴的南下牧马，使其帝业在中国垂诸万世而不朽，因筑万里长城。万里长城之筑，政治上固阻止外族之南趋，以扰乱中国，文化上却阻止中国文化之向北发展。且当时中国文化最繁盛之区，乃在北方，向北发展既为长城所阻，唯一的发展方向，就是南方。

历史上中国文化发展的方向，固由北方而南方；但是现代中国文化发展的趋势，却是由南而北。张先生在这处所指明的特别是近代的政治运动。张先生本来是在政治舞场上活动的人，这次讲演，也是以政治方面为立脚点。加以在他讲演的时候，正是日本占据沈阳以后，他看看日本数十年来在满洲的经营，日本的存心叵测，以及中国东北之危机，免不得要勉励一般青年，以为今后中国人对于中国的建设上，应当着力于东北。同时他又看看日本的侵略蒙古，及北边的俄国与蒙古为邻,边境的危机,日迫一日;蒙古百里无人烟的沃土,既无人开垦,中国人,特别是远隔千里的南方人,对于蒙古及北方的情况,隔膜太深,免不得又要叫起一般青年,切勿等闲去看待这些疆土。最后,他又看看中国人在南洋一带近来的情况日趋日下,中国人在南洋殖民的危机,据他自己说:在好多年前已经见及。趋向南洋的发展,既是一种没有希望的梦想,今后从南方移殖南洋的数百万侨胞,又将如何处置。所以今后唯一的方法,是向北走。因此之故,向北走不但是一种已有端绪的事实,而且是我们今后所应行的途径,以及所应特别注意的方针。

张先生固然告诉我们中国文化的由北方趋于南方,及由南方趋于北方二种趋向,然他却没有告诉我们这二种文化的趋向的异同之点如何,并且他所注重的点是政治方面,而政治的运动和政策,在文化的全部看去,只能算做文化的一方面罢。

梁园东先生也承认在历史上看去,中国文化的发展是由北方而到南方。其所以由北而南的原因,并不大像张继先生的注重于政治方面,却注重于经济方面。因为地理和气候的关系,北方的经济生活没有南方这么容易,所以北方总要依赖南方。文化向南发展的原因,也在于此。梁先生说:

> 北方所以统治南方,是因为北方经济供给不及南方。

为维持统治阶级的地位，北方必要取南方，南方却不必统治北方已可维持。

他又说：

自欧洲势力侵入中国以来，中国的南部数省，起了极大的变化，无论在政治上、社会上、经济上、文化上，无不有极重大的改变。现在中国的南方和历史的南方所有的差异，较之现在北方和从前北方所有的差异，大不止倍蓰。现在的北方，寻不出多少社会原素和历史上的北方不同，但是南方却不然，因是南北的关系也就变了。

因为南方的文化起了重大的变化，所以历史上的北方统治南方，也因之而停止。但是现在的南方，固不受北方的统治，至于北方，据梁先生的意见，各省若联合起来，南方也没有法子去控制北方。梁先生的结论是：中国南方及北方的畛域，是不当有的，因为中国的民族，有了像儒家的思想，来做他们的共同意识，所以"由北而南，或重北轻南的封建遗训不应有，即连由南方或由北方统一的思想，也不应有，根本是南北的畛域观念即不应有"。

梁先生好像感觉到南北文化的异点。比较在上面所举出的文章的研究，较为深刻。但是他也没有说出南方文化是什么，北方文化是什么。因为了他看不出这一点，所以他以为南方文化起了变化以后，北方虽已失了控制南方的能力，然北方若团结起来，仍能和南方互相对抗。

我因为了国人对于这个题目的研究，还在萌芽时代，所以特地的将上面数位的意见，略为介绍。同时也藉以表示这些见解，是和我个人对于南北文化的观察，根本上有了不同的地方，然我亦并不因此而蔑视他人的见解。

二

原来历史上的南北之分，并非找不出的，不过其所分别，大概不是文化的全部，而是片断的和部分的。传说帝舜弹五弦之琴以歌南风，其歌曰：

> 南风之薰兮，可以解吾民之愠兮；南风之时兮，可以阜吾民之财兮。

南风之影响于人民的生活，而得舜的赞美，也可以说是针对北风。然南风之来，不但南方人能够享受，北方人也能够享受；而且在传说的帝舜的时候，所谓中国的南方，简直是没有开辟的蛮夷，所以帝舜的南风歌，在南北文化上看去，当然没有什么意义的。

又如《诗经》的"以雅以南"，除了说明中原的乐和南方的乐，别没有多意义。《易经》的"圣人南面而听天下，向明而治"，和《论语》的"雍也可使南面也"。没有什么意义。《中庸》的"宽柔以教，不报无道，南方之强也；衽金革，死而不厌，北方之强也"，及《孟子》说："陈良，楚产也，悦周公、仲尼之道，北学于中国，北方之学者，未能或之先也。"均不过从性格及学问方面来说，于南北文化的全部的差异，也没意义。此外如南朝北朝，南宗北宗，南音北音等名词，均不过说明文化的部分罢。

对于南北文化比较的有系统的言论，恐怕明代的邱濬总值得我们的注意。邱氏生长海南，海南人素称为"海邦鳞介"，所以在邱氏的著作，处处见其为南方有多少辩护的口气，而注意于南北文化的趋向，及其特殊处。邱氏少年的《五指山》咏有"疑是巨灵伸一臂，遥从海外数中原"之句。长年游京师，又有《南溟甸赋》之作，均是为南方文运辩护而作。他尝以为"三代以至于唐，人材之生，盛在江北"（看张文献《曲江集序》）。然自曲江张文献以后，逐渐南趋。其论中国南方文化的发展，及其发展的原因，有一段很中肯的话，今摘录于下：

是以三代以前兹地（指岭南）在荒服之外，至秦始入中国。是时也，南蛮之习未改也，椎结卉服之风未革也，持章而适兹无所用也。魏晋以后，中原多故，衣冠之族，多徙于南，与夫或宦或商，恋其土而不忍去，过化渐染，风俗丕变，岁异而月不同，今则弦诵之声相闻矣；衣冠礼乐，班班然盛矣；北学于中国，与四方髦士相颉颃矣；策名天府，列官中外，其表者则又冠冕玉佩，立于殿陛之间，行道以济时矣。（《广州府志》书序）

他又认为南北因地理之不同，而影响于文化。他说：

天下之山，皆发源于西北，零散而聚，突起而为岭；天下之川，皆委于东南，流行而止，渟涵以为海。广南居海之间，受天地山川之尽气，气尽于此而重泄之。故人物之得之也，独异于他邦。其植物则郁然以馨，其动物则粲然以文，是皆他处所未尝有者也。得其气之专而纯，则又朴而茂，秀而暂，气淳直而俗尚随之，浑然天地间小堪舆也。……广郡地志，唐以前仅附于史，宋以后始有成书，然而略而未详章也。入皇朝以来，百年于此，天地纯然之气，随化机而南流，钟于物者犹若钟于人者，则日新月盛，其声明文化之美，殆与中州无异焉。（《广

州府志》书序）

邱氏很明白指出中国文化由北而南的趋向，又指出南北因地理的不同，而影响于人物之各异。而所谓"气尽而重泄之"，又是推料南方文化之将兴。重泄的文化，当然是由南方而趋到北方，这正与他的"遥从海外数中原"的意相合。不过邱氏既不指明地理上的差异而影响于南北文化的异点如何，而所谓重泄的文化是什么文化，又没有明言。其实，他的全副精神，是想使世人知道，南方的文化，是逐渐要和北方的文化并驾齐驱，并且邱氏所说的文化，大约也不外指乎文运人材及相业而言，而人材相业与文章，我们已说过，只是文化全部里的部分罢。（此外如顾炎武《日知录》卷十三所说，南北风化之失及学者之病，均是断片的说明罢）

到了晚清之世，梁启超先生著《中国古代思潮》对于中国南北文化的差异上，特别注意。他和邱文庄同样的指明南北因地理上的不同，而影响其文化，不过他更进而指明南北的不同的要点，梁先生说：

> 欲知先秦学派之真相，则南北两分潮，最当注重者也。凡人群第一期之进化，必依河流而起，此万国之所同也。我中国有黄河、扬子江两大流，其位置性质各殊，故各自有其本来之文明，为独立发达之观，虽屡相调和

混合，而其差别相自，有不可掩者，凡百皆然，而学术思想，其一端也。北地苦寒硗瘠，谋生不易，其民族销磨精神，日力以奔走衣食，维持社会，犹恐不给，无余裕以驰骛于玄妙之哲理，故其学术思想，常务实际，切人事，贵力行，重经验，而修身齐家治国利群之道术最发达焉。惟然，故重家族，以族长为政治之本，敬老年，尊先祖，随而崇古之念重，保守之情深，排外之力强，则古昔称先王，内其国，外夷狄，重礼文，系亲爱，守法律，畏天命，此北学之精神也。南地则反是，其气候和，其土地饶，其谋生易，其民族不必惟一身一家之饱暖是优，故常达观于世界以外，初而轻世，然而玩世，既而厌世，不屑屑于实际，故不重礼法，不拘拘于经验，故不崇先王，又其发达较迟，中原之人常鄙夷之，谓为野蛮，故其对于北方学派，有吐弃之意，有破坏之心，探玄理，出世界，齐物我，平阶级，轻私爱，厌繁文，明自然，顺本性，此南学之精神也。

梁先生的南北差异观，学者多为采用。比方谢无量先生在其《中国古代政治思想小史》里，应用这种差异于政治思想。此外应用这种差异于他方面者也不少。平心来说，梁先生这种的分别，未尝没有可取之处，不过我们研究南北文化的人，对于梁先生的观念，应有几点注重者，略举于下：

第一，梁先生虽承认南北因地理的不同，而影响到文化全部的差异，然他所列出的差异之点，是注重在思想方面，而思想方面，只能算做文化的全部之一部分。

第二，梁先生所说的，仅限于春秋战国数百年间，这数百年固然占中国历史上一个重要时期，然在中国历史的全部看去，只能算作一个很短的时期。原来春秋战国的文化，是由过去数千年累进而来，这数百年间，因政治上的紊乱，及思想上的发达，固然可以连带到文化的全部，然这种影响，是否使中国在这时期的文化，起了重大的变化，同时是否能使南北文化因之差异，均是疑问。

第三，因为梁先生所说的只限于春秋战国，所以他的南北区域的分别，是以黄河和扬子江。其实，汉以后的南北逐渐已包括珠江流域，而扬子江变为中国的中部，而非南部。

第四，梁先生把孔子和老子来作北派之魁及南方之魁，质言之，南北之差异，即孔、老之差异，这一点我们以为也没有多大意义。因为孔子本来是老子的弟子，而他们的学说的关系，却处处可考。其实，不少的日本学者，并且不相信老子是南人，假使此说而证据确实，则孔、老为南北大魁之说，更是没有成立的可能。

三

我们以为中国只有一种文化，而没有所谓孔、老的文化的差异，更没有所谓因孔、老的差别，而生出南北文化的不同。所谓南方文化，不外是北方文化。所谓北方文化，也就是南方文化。这种文化，简单来说，可以叫做孔化。我们叫做孔化，而不叫做老化，是因为孔子上承唐虞三代的余绪，而下为后世中国文化的标准，老子除了在思想上和孔子有了程度的差别外，其思想之影响于文化者，如否认繁复的物质文化，均能于孔子的思想中找出。夏曾佑说得好："孔子一身，直为中国政教之原，中国之历史，即孔子一人之历史而已。"

中国的全部文化，既可以以孔子来做代表，而孔子的根本原则，又不外是一以贯之的道。"吾道一以贯之"这句话，是孔子对他的门人曾子所说的，孔子自己虽没有明白说出这种道是什么，但据曾子说：

夫子之道，忠恕而已矣。

原来忠原于孝，而恕发于仁。孝是指下对上所当尽的义务,仁是指上对下的德性。人类一切的关系,都可归纳于这二种观念里。一切的人类的关系,也是从这二种观念推衍出来。实行这二种观念的根本团体,就是家庭。家庭是一切社会的基础,所以一切社会的组织,都以家庭为起点。

家庭放大而成为国家,但是国家所依赖的原则,也是与家庭所依赖的原则一样。故《孝经·士章》里说"资于事父以事君而敬同,以孝事君则忠"。《大学》里说:"为人君止于仁。"由此类推,而至于治天下的原则,也不外是这样。《大学》里说:

> 所谓平天下,在治其国者,上老老而民兴孝,上长长而民兴弟,上恤孤而民不倍徙,是以君子有洁矩之道也。

此外国家之有君主,天下之有帝王,也犹家庭之有家长。君主之于人民的关系,也犹家长之于子弟的关系。家长对于子女有绝对之威权,所以君主之于人民也有绝对的威权。数千年来变了多少朝代,然专制政体,终无变更者,并非无因。

不但是政治和家庭的组织和制度,是基于这种"一以贯之"的道,就是文化的他方面,也是以这种道为依归。在宗教上的拜祖先,是出于孝敬父母祖先的观念。孝敬父母,不但是在父母生时,就是死后,也要孝敬,于是拜祖先上一切的需要,像仪式、像神位、像时期、像庙祠,均因之而产生。

孝敬父母,不但可以生出宗教上的各种动作,而且可以生出婚姻、丧祭上各种动作和制度。父母死后,应该守丧三年,应该丧得其地,于是风水的习俗,因之而生。"不孝有三,无后为大。"于是多子多孙的大家庭因而发生,于是多妻制度得以容许。

因为要孝敬父母,所以"父母在,不远游"。结果是自足自供的农业村落,宗族乡居,因之发达,而在经济及法治各方面,现出特殊的性质。这样的类推而到文化的各方面,都有了密切的连带关系,而形成中国的特殊文化。

上面不过略将孔子的一以贯之的道的影响于中国文化的数方面来说。他这种道是放之四海而皆准,施诸万世而可用,因此不但中国的北方是受制于这种道所形成的文化之下,就是南方也受制于这种道所形成的文化之下;不但是秦汉的人们是生活于这种文化之下,就是唐宋的人们也何尝不生活于同样的文化之下。

从孔子的道而形成的中国文化,所以能够这么普遍,这么永久的存在于中国的原因,大约不外由于他能够得到政治势力上的保障和宣传。孔子给了治者以统治的理论,而治者给孔家以实力的保护。两相扶携,互为利用,结果不但能使孔教及其形成的文化,能垂诸二千余年而不变,而且能随中国版图的范围的扩充,而传播愈广。中国的文化本来是策源于西北，中国的版图的发展既是由西北而东南，则其文化的发展的趋势，由西北而东南也是这样。

不但这样，满清入关以后，东三省逐渐同化于汉族文化，结果不但是文化的趋向是由北而南，而且是由南而北了。此外过去的西蜀也是中原的圣人所目谓蛮夷的地，然因版图的逐渐扩大，而且同化于所谓孔子化，可知中国文化的发展，不但是由北而南的，不过以所谓汉族的本部而言，则由北趋南的发展，较为显明。然其所以南趋的原因，就是像上面所说：

中国的文化，是策源于北方的。

因为她的策源地是在北方，我们叫她做北方文化，也未尝不可。所以所谓中国的"固有"的文化，在性质上是没有南北之分，就是在程度上的南北之分，除了在南方三数省的土音上，较为复杂外，在文化的大体上，是没有很大的差别的。南北因为了地理气候上的不同，在文化有不少的影响，乃当然之事，比方：北方食麦，南方食米，然北方人所尊奉以为文化上的一切的标准的孔子，南方也何尝不是这样呢？因此之故，这种孔家化不但是时间上像百余年前的黑格儿，在其所著的《历史哲学》早已见及，没有差异的变化，就是在空间上，她也何尝有东西南北之分呢？

第七章 南北文化的真谛

这样说起来，南北文化的观念简直不能成立吗？是又不然。我记得是民国十三年五月间，河南省长李倬章发表了一篇很有趣的言论，其最足以使我们注意的，是这一段：

> 自古以来，只有北方人统治南方人，决没有南方人统治北方人。北大校长蔡元培与南方孙中山最为接近，知南方力量不足以抵抗北方，乃不惜用苦肉计，提倡新文化，改用白话文，藉以破坏北方历来之优美天性，与兼并思想。其实，白话文简直是胡闹，他们说《红楼梦》《水浒》是好文章，试问不会做文言的人，能不能做这样一类的文字？至于新文化，全是离经叛道之言，我们北方人，千万不要上他的当。

我们阅了上面这段妙文，也许免不得要捧腹。这位堂皇的一省所长的顽固及错误处，不待说了。不过他觉得新文化是离叛夫子之道，并非虚语。他虽弄错了所谓白话文的新文化是提倡自孙中山先生，但是他心目中的新文化，是和南方有密切的关系，而把新文化和南方相提并论，并非完全无稽之言。总之，李省长是错中偶合罢。

原来所谓南北文化的差别，照我们上面所说，既不能在所谓中国的固有文化中找出，而所谓南北文化的真谛，不外是：

新旧文化。

然所谓新旧文化,又不外是:

中西文化。

上面已说过,所谓中国的固有文化,可以叫做北方文化,因为她的策源地是在北方,再由北方而趋到南方。所谓新文化的策源,却差不多是在南方,再由南方而影响及趋向到北方。所以这新文化或是西洋文化,可以叫做南方文化。我们当然承认这种南北文化的差别上,只是注重在文化的策源上,却没有注重在文化发达上。因为从文化的繁盛上看去,不但是新文化的全部的重心,逐渐已趋于扬子江口的江浙一带,就是中国固有的旧文化的重心,也是趋在扬子江口的江浙一带。所以乾隆游江浙时,免不得要叫道:"江浙为人文渊薮。"

我们这种的结论,也许会引起一般人问道:所谓北方的文化,是中国本来固有的文化;而所谓南方的文化,却是一种舶来的西洋文化。把一种中国固有的文化,因其策源于北方,而叫做北方文化,还可说得去;把一种从西洋运过来的西洋文化,因为从南方输入来,而叫做中国的南方文化,其

第七章 南北文化的真谛

实是西洋文化，顾名思义，安能把来和策源于北方的固有文化，相提并论，而为中国的南北文化呢？

我们的回答是：严格的中国文化，其实是本来的中国土人的文化。我们所谓中国汉族的文化，本来是汉族从西方带来的文化。这个西方的所在，究竟是在那里，学者尚没有一定的证明，不过所谓汉族本来不是住在中国的本部，是从别处移来中国，这是无论何人，都承认的。汉族既是由别处移来，汉族的最初文化，是汉族自己创造出来，抑或是汉族从他族和他处仿效来呢？要是从他处仿效而来，那么汉族的文化，并不是其本来的文化；要是自己创造出来，然后移来中国，那么从西方那边移到中国，有没有受过他处或他族的文化的影响呢？要是受过他族他处的影响，那么所谓汉族的文化，也非是完全的本来的文化；要是不是，她仍是一种从外输入的一种文化，而非中国的本来固有文化。其实绝对的本来固有的文化，是没有的。这是一般人类学家所承认的。所以所谓固有的文化，本来是不妥当的。我们叫她做中国文化，因为她也许是中国人所独创造的。但是中国人若能仿效他人的文化，而自己又能同样的创造出来，她也是中国人的文化。就使不必是中国人自己去运她过来，或仿效过来，而是外边人把她输入来，而能影响到中国文化，然后再由中国人去模仿和创造她，也可以叫做中国文化。

这样讲起来，所谓西洋文化，若是的确为中国人所需要，的确是从南方介绍进来，那么叫她做南方文化，和所谓旧的北方文化相对峙，又有什么不妥的地方呢？现在中国所谓固有的文化，尚深入一般人的头脑里，同时西洋文化的接受，尚为一般人所踌躇的时期，我们自然有一种这种新文化是外来文化而非中国的文化的偏见，但是设使过了千数百年后，中国人完全是西化了，而且将这种西洋文化，再来发展下去，比较现在，还要进步得多，再过了千数百年后，有谁还要来告诉我们，这不是我们的文化呵！我们应该不要她。要是那时的我们，而听了这位卫经附道的先生，去排斥了这些文化，而复返我们的所谓固有的文化，我们转身一看，我们觉得这二千年来，是没有文化了，我们六七千年来的历史，中断了二千余年了。

其实我们不但到那时，不会转身向后，而排斥一切的西洋文化，我们现在已做不到了。我们现在想写一本中国从古代到今日的小说史，鲁迅是我们免不得要采入的，然而这位《狂人日记》的鲁迅怎样说呢？"我翻开历史一查，这历史每叶上都写着仁义道德几个字，我仔细看了半夜，才从字缝里看出字来，满本都写着两个字是：吃人。"这样的鲁迅，在卫道先生看起来，怎能配作中国小说家？然而西洋人又告诉我们，著《阿Q正传》的鲁迅是中国小说家呵。《申报》的五十年纪念，叫蔡元培先生写五十年来的中国哲学，他老先生觉得所谓中国哲学，是五十年来所没有的，然蔡先生竟然交出一篇洋洋的《五十年来的中国哲学史》！

平心来说，设使我们始终不变我们数千年来的顽固夸大排外的态度，我们终没有法子去走出这惟有束手待毙的圈子。二百余年来的经验，已给了我们不少的教训，而最近来的东北风云，不外是甲午庚子所种下的种子的果实。要是今后我们还是把这些西洋的文化不当做我们自己的东西，而提倡之，模仿之，发展之，我们终没有法子去西化，至多只能享受西洋货，而今后的中国前途，更是不堪设想。

从西洋输入来的西洋文化，一到我们的手里，这便是我们自己的。因为了是我们自己的，而且是我们目前的急需的，为什么我们不努力去提倡，去发展呢？它既是我们自己的，而她的最初的发祥地又是南方，那么叫它做南方文化，像叫中国的文化做北方文化，又有什么不妥呢？但是它究竟是不是策源于南方呢？

四

要答上段最后一句的疑问，应当看看我们西化的历史，并且要将西洋文化全部分析起来，看看它所包含的各方面，或是是最紧要的数方面的趋入和接受，是否最先在南方。

我们先从政治方面说起。所谓西化的政治方面，南方而尤是广东，乃其策源地，这是无论何人，都要承认的。太平天国的崛起，是受过西洋宗教的影响，而其策源是以两广为根据地。我们若不以成败来断定事实，而以客观的态度去观察，则太平天国之起，不但在中国历史上是一件不可多见的事，而且其影响于后来的政治改革上，也是事实上所不可掩的。

至了近代的政治上的维新运动，其策源于南方更为明显。所谓政治上的维新运动，在近代所最堪注意的，一为孙中山先生所领导的革命运动，一为康有为所领导的变法运动。这二人的不同处很多，但是他们同是生长南方，而且其所以维新的动机，是由于多少的西化。梁任公在他的《康有为传》里有下面一段话：

> 其时（康氏三十岁左右）西学初入中国，学国学者，莫或过问。先生僻处乡邑，亦未获从事也。及道香港、上海，见西人殖民政策之完整，属地如此，本国之进步更可知。因思所以致此者，必有道德学问以为之本原，乃悉购江南制造局及西教会所译各书尽读之。彼时所译者皆初级普通学，及工艺、兵法、医学之书，否则耶稣经典论疏耳，于政治哲学，毫无所及，而先生……别有会悟，能举一反三，因小以知大，自是于其学力中，别开一境界。

第七章 南北文化的真谛

这是康有为后来在政治舞台上活动的起点。他的"公车上书"也是从这种激动而来。但是康有为究竟是出于"十三世为儒"的旧家，旧思想既深入脑海，新思想却正如任公所说，"来源浅觳，汲而易竭"。我们并不以戊戌变法的失败而绳康氏，因为根本上，中国的病症太深，要像康有为的变法，成为明治维新的结果，简直是一种梦想。所以就使戊戌变政而成功，其所得之结果，也未必好罢（维新运动再起的梁启超也有可记的价值）。

孙中山先生却不是这样。他的西化，究竟是否澈底，是别一问题，然他的西化，却是直接得来的。并且因为他没有家传旧学来做底子，所以他的西化较易。他早年上李鸿章的书，虽然像康有为欲以政治的原有势力，来改变政治的缺点，然后来这种思想，完全抛弃，而从事于感化平民的下层工作。他不到北京去运动，而专门在南方活动的原因，无非是因为南方的西化较深，而下手较易。我们试看历史，革命军的发难，如丁未潮州黄冈之役、惠州之役、钦廉防城之役、镇南关之役、戊申河口之役、庚戌广州新军之变，及最著名的黄花冈七十二烈士赴难之役，通通是在南方。此后所谓护法政府，帝制的推倒，北伐军的成功，均策源于南方，足以表明在政治上的地位来说，南方的一二省，足以左右全国。那么南方不但为近代政治运动的策源地，而且是政治运动上的重心呵。

在西方化的政治的运动上，南方乃其策源地，略如上面所说。至于中西交通以后的商业及经济方面来说，南方也是中西贸易的策源地，而且占中国经济上的重要位置。《货殖传》说："番禺一都会，珠玑、犀、玳瑁、果、布之凑。"在宋时，广东对外贸易，占全国百分之九十八九。至明末葡人航海东来后，南方的广东、福建等，更占了经济上的重要位置。而数十年来政治运动上的经济来源，也是依赖于南方。就以现在全国的经济地位来说，南方的广东、福建恐怕还是占优先的地位。

宗教上的宣传的策源地，也可以说是在南方。唐时的景教，及元时的天主教，均由北方传入，然不久均归于绝灭，其原因大概是陆路上的交通，跋涉太难，而且北方人的旧思想太深，不易激动。直到明末利玛窦东来以后，始能广传。利氏遂初来澳门，然后在肇庆、韶州二府住了十五年之久。他在广东无论在宗教及科学的宣传的成绩，虽不及后来在北京之利害，然对于中国言语、文字、风俗、人情，以及对于宗教宣传上所能有的预备，均在这十五年里弄好。此外如在广东和其弟子所译的《几何原本》，犹其余事。旧教上的利玛窦和其弟子，固以南方为根据地，新教的马礼逊也以南方为起点，所以西洋宗教在中国的策源地，均是南方。

在新思想上，也可以说是从南方起点。不中不西，即中即西的康梁一辈，固不待说，孙中山先生，以及极力反对曾袭侯的"先睡后醒"和张之洞的"中学为体，西学为用"的澈底西化的胡礼垣的思想，不但他们本是南方人，而且以南方的环境来做他的思想的背景。此外如严复的翻译西籍，及西洋思想的介绍，梁任公先生有一段的记载道：

　　……时独有侯官严复先后译赫胥黎《天演论》，斯密亚丹《原富》，穆勒约翰《名学》《群已权界论》，孟德司鸠《法意》，斯宾塞尔《群学肆言》数种，皆名著也。虽半属旧籍，去时势颇远，然西洋留学生，与本国思想界发生关系，复其首也。

留学生之介绍西洋思想，固是福建的严复为首，留学生之留学外国，也以南方为首。容纯甫先生及其二位朋友之留美，固不待说，容先生在其自传里，有一段记载，足为上面所说的话证实，录之于后：

　　当一八七一年之夏，予因所招学生未满第一批定额，乃亲赴香港，于英政府所设学校中，遴选少年聪颖而于中西文略有根底者数人，以足其数。时中国尚未有报纸，以传播新闻，北方人民，多未知中政府有此教育计划，故预备学校招考时，北方应者极少，来者皆粤人，粤人中又多半为香山籍。百二十名官费生中，南人十居

八九。（中译《西学东渐记》）

留学生之人数，总以南方为多。留学的目的本来是西化，中国留学生是否对于中国的西洋化上，尽了他们的责任，是别一问题，然中国以往的西洋化之得力于留学者，乃不可掩之事。

留学生之影响于中国的新文化，乃当然之事。然中国人民之向外移殖而影响于新文化，也是值得我们研究的。但人民之向外移殖，大约以南方人为最先和最多。他们到了外国，住了好多年，返国者当然移回多少的欧美化，就是终身在外者，也免不得与国内有不少的关系，而直接上或间接上，有所影响于新文化。

城市运动，差不多可以说是现代文化一种特色，然中国的旧城市的改革，也是策源于南方的广州。广州不但是开中国新城市的纪元，而且是现在中国人管理下的最西化的城市，这是研究中国城市，及城市政府的人们，没有不承认的。

有些人说：新文化的运动是在民国七八年间的《新青年》派的人们，而这些人，既不是南方人，而运动的起点，也非南方。其实，这一次所谓新文化运动，不外是文字上的改革，白话文既不外是文化的各方面之一方面，而这次的白话文的成功，要说是和南方人完全没有关系，也非至言。梁任公的改变古文式的文章而做比较通俗的文章，以及黄遵宪在近代白话诗运动上的位置，是研究近代白话文运动的人，所不可忽视的事实。胡适之先生在其《四十自序》及《五十年来的中国文学》二文里，对于这些事实，也非没有不承认的。

此外又像近中国妇女的参政运动，及文化的其他方面，南方乃其策源地，足为我们的见解证明而可以叙述者尚多，但是看了上面的话，也可以知其概罢。

原来文化的各方面，都是互相关系的。一方面的波动，常常影响到他方面。南方之所以为新文化的策源地，正像北方之为旧文化的策源地，是由地理及各种环境所造成。文化的传播范围，本来是和人类空间的范围，正为正比例。所谓北方的文化，从其文化的圈围来看，即也是南方的文化；而所谓南方的文化，从现在的文化趋向来看，也逐渐的成为北方的文化。这样说起来，所谓南方文化与北方文化的名词，要是能够成立，不外是从策源地上来看，他们的真正意义是时间上的差异，这种差异，就是：

新的文化和旧的文化。